Maestría en Trading: Estrategias y Tácticas para el Éxito en los Mercados Financieros

Prólogo: "La senda hacia el éxito en el Trading"

La senda hacia el éxito en el trading es un camino que los traders deben seguir para lograr sus objetivos financieros y ser consistentemente rentables en el mercado. A continuación se detallan algunos pasos que pueden ayudar en este camino:

Educación: Uno de los primeros pasos para tener éxito en el trading es adquirir una sólida educación en el mercado financiero. Es importante entender cómo funciona el mercado, los diferentes productos financieros y herramientas de análisis técnico y fundamental.

Estrategia de trading: Desarrollar una estrategia de trading sólida es clave para tener éxito en el mercado. La estrategia debe incluir reglas claras para la entrada y salida del mercado, así como la gestión adecuada del riesgo.

Gestión del riesgo: La gestión del riesgo es esencial en el trading. Los traders deben ser capaces de identificar y controlar los riesgos asociados con cada operación, y limitar sus pérdidas mediante el uso de stop-loss y otras herramientas de gestión del riesgo.

Disciplina: La disciplina es clave en el trading. Los traders deben tener la disciplina necesaria para seguir su plan de trading y no dejarse llevar por las emociones.

Paciencia: Los traders también deben ser pacientes y no precipitarse en la toma de decisiones. Esperar a que se presenten las mejores oportunidades de trading puede marcar la diferencia en términos de rentabilidad.

Evaluación continua: Es importante evaluar y ajustar constantemente la estrategia de trading en función de los resultados. Los traders deben llevar un registro detallado de sus operaciones y analizar los resultados para identificar patrones y oportunidades de mejora.

Psicología del trading: La psicología del trading también es un aspecto clave para el éxito. Los traders deben ser capaces de controlar sus emociones y mantener una mentalidad enfocada en el éxito a largo plazo.

En resumen, la senda hacia el éxito en el trading implica una combinación de educación, estrategia, gestión del riesgo, disciplina, paciencia, evaluación continua y una mentalidad adecuada. Siguiendo estos pasos, los traders pueden aumentar sus posibilidades de tener éxito en el mercado financiero.

Capítulo 1: Introducción al Trading - Los Mercados Financieros

En este capítulo, exploraremos los diferentes mercados financieros y las herramientas utilizadas en el Trading. Ordenes y bolsas del mundo.

Capítulo 2: Análisis Técnico - Herramientas y Técnicas

En este capítulo, se presentarán las herramientas y técnicas utilizadas en el análisis técnico. Los indicadores técnicos y los patrones de gráficos se explicarán en detalle.

Capítulo 3: Análisis Fundamental - Cómo Analizar el Mercado

En este capítulo, se discutirán los factores fundamentales que afectan los mercados financieros. Se explorarán las fuentes de información y cómo utilizarlas para tomar decisiones de Trading fundamentales.

Capítulo 4: Psicología del Trading - Cómo Controlar tus Emociones

En este capítulo, se discutirán las emociones que afectan a los traders y cómo controlarlas. Los consejos para superar el miedo, la codicia y la incertidumbre en el Trading se presentarán en detalle.

Capítulo 5: Gestión del Dinero - Controlando tus Riesgos

En este capítulo, se discutirán los principios fundamentales de la gestión del dinero en el Trading. Los métodos para controlar tus riesgos y optimizar tu rendimiento se presentarán en detalle.

Capítulo 6: Gestión de Posiciones - Cómo Gestionar tus Operaciones

En este capítulo, se presentarán las técnicas utilizadas para gestionar las posiciones de Trading. Los consejos para establecer stop-loss, tomar ganancias y ajustar posiciones.

Capítulo 7: Estrategias de Trading - Cómo Crear un Plan de Trading

En este capítulo, se presentarán las estrategias de Trading utilizadas para crear un plan de Trading. Los enfoques para el Trading diario, el swing Trading y el position Trading se explicarán en detalle.

Capítulo 8: Indicadores Técnicos - Herramientas para el Análisis del Mercado

En este capítulo, se discutirán los indicadores técnicos utilizados para analizar el mercado. Los indicadores de tendencia, osciladores y volumen se presentarán en detalle.

Capítulo 9: Patrones de Gráficos - Identificando Patrones de Trading

En este capítulo, se explorarán los patrones de gráficos utilizados para identificar oportunidades de Trading. Los patrones de inversión y continuación se presentarán en detalle.

Capítulo 10: Estrategias de Análisis Fundamental - Cómo Analizar el Mercado

En este capítulo, se presentarán las estrategias de análisis fundamental utilizadas para analizar el mercado. Los enfoques para el análisis de noticias, datos económicos y eventos políticos.

Capítulo 11: Sistemas de Trading - Creando Sistemas Automatizados

En este capítulo, se presentarán los sistemas de Trading utilizados para crear sistemas automatizados. Los consejos para la creación de sistemas de Trading rentables y eficaces

Capítulo 12: Trading con Derivados - Opciones, Futuros y Criptomonedas

En este capítulo, se explorarán los diferentes instrumentos de trading derivados, incluyendo opciones, futuros, swaps y forwards. Se explicará cómo funcionan estos instrumentos y cómo utilizarlos en la estrategia de trading.

Capítulo 13: Trading Automatizado - Cómo Crear un Robot de Trading

En este capítulo, se discutirán las técnicas y herramientas para crear un robot de trading automatizado. Se explorarán los diferentes tipos de robots y su eficacia en la toma de decisiones.

Capítulo 14: Trading algorítmico - Cómo Utilizar la Inteligencia Artificial en el Trading

En este capítulo, se discutirán las técnicas y herramientas utilizadas en el trading algorítmico, incluyendo el uso de inteligencia artificial y aprendizaje automático. Se explicará cómo aplicar estas técnicas para mejorar el rendimiento del trading.

Capítulo 15: Trading Social - Cómo Aprovechar la Sabiduría Colectiva en el Trading

En este capítulo, se discutirá el trading social y cómo aprovechar la sabiduría colectiva en el trading. Se presentarán las diferentes plataformas y herramientas utilizadas en el trading social y se explicará cómo utilizarlas para tomar decisiones de trading.

Capitulo 16: Trading con Criptomonedas

Como funciona su Tecnologia y proyectos mas importantes.

En conclusión, este libro proporciona un amplio panorama de los conceptos y técnicas necesarias para el trading efectivo en los mercados financieros. Desde el análisis técnico y fundamental hasta la gestión de riesgos y la implementación de sistemas automatizados, este libro aborda todo lo que necesitas saber para tener éxito en el trading. Esperamos que este libro te proporcione las herramientas y la confianza necesarias para tomar decisiones de trading más informadas y efectivas.

Capítulo 1: Introducción al Trading - Los Mercados Financieros

El trading es la compra y venta de activos financieros con el objetivo de obtener ganancias a partir de las fluctuaciones en los precios de estos activos. En este capítulo, se proporcionará una introducción al trading, incluyendo una visión general de los mercados financieros y los diferentes tipos de instrumentos financieros que se pueden operar.

1-Los Mercados Financieros

Los mercados financieros son una red de intercambio de activos financieros, como acciones, bonos, divisas, materias primas y derivados, entre otros. Estos mercados permiten a los inversores y traders comprar y vender estos activos para obtener beneficios o cubrir riesgos financieros.

Los mercados financieros pueden ser organizados o no organizados. Los mercados organizados son aquellos que tienen una infraestructura centralizada donde se negocian los activos financieros. Los ejemplos de estos mercados son las bolsas de valores, donde se cotizan acciones y otros valores. Los mercados no organizados, por otro lado, son aquellos que no tienen una estructura centralizada y se negocian a través de intermediarios financieros, como los mercados de divisas (Forex) y los mercados OTC (Over-The-Counter).

Los precios de los activos financieros en los mercados son determinados por la oferta y la demanda de los participantes del mercado. Cuando la demanda de un activo es alta, el precio sube, y cuando la demanda es baja, el precio baja. Del mismo modo, cuando la oferta de un activo es alta, el precio baja, y cuando la oferta es baja, el precio sube.

Los mercados financieros son importantes para la economía global, ya que proporcionan una forma de financiar proyectos y empresas, y también permiten a los inversores y traders obtener beneficios y gestionar el riesgo financiero. Sin embargo, el trading en los mercados financieros conlleva ciertos riesgos, y es importante que los inversores y traders comprendan estos riesgos y utilicen estrategias adecuadas de gestión de riesgos para proteger su capital.

1.1 Bolsa de valores en el Mundo

Hay muchas bolsas de valores en todo el mundo, cada una con sus propias características y regulaciones. Algunas de las bolsas de valores más grandes y conocidas incluyen:

Bolsa de Nueva York (NYSE) - Estados Unidos

NASDAQ - Estados Unidos

Bolsa de Tokio - Japón

Bolsa de Shanghai - China

Bolsa de Hong Kong - China

Bolsa de Londres - Reino Unido

Bolsa de Fráncfort - Alemania

Bolsa de París - Francia

Bolsa de Toronto - Canadá

Bolsa de Sídney - Australia

Hay muchas otras bolsas de valores en todo el mundo, algunas de las cuales son más pequeñas y menos conocidas, pero todas desempeñan un papel importante en el mercado financiero global. Es importante destacar que, en algunos casos, una sola empresa puede cotizar en varias bolsas de valores diferentes en todo el mundo.

1.2 Ordenes de compra y venta (long y short)

Una orden Long y una orden Short son dos tipos de órdenes que se utilizan en el trading para entrar o salir de una posición en el mercado.

Orden Long: Una orden Long es una orden de compra que se utiliza cuando se espera que el precio de un activo suba. Por ejemplo, si un trader cree que el precio de una criptomoneda va a aumentar, puede abrir una posición Long comprando esa criptomoneda.Esta orden normalmente esta representada con el color verde asi se puede visualizar en los graficos de velas japonesas cuando el precio del valor sube.

Orden Short: Una orden Short es una orden de venta que se utiliza cuando se espera que el precio de un activo baje. Por ejemplo, si un trader cree que el precio de una criptomoneda va a disminuir, puede abrir una posición Short vendiendo esa criptomoneda.Esta orden normalmente esta representada por el color rojo asi se puede visualizar en los graficos de velas japonesas cuando el precio pierde su valor.(Este tipo de orden tambien es utilizada en derivados con apalacamiento)

En ambos casos, el trader espera obtener una ganancia al cerrar la posición en el momento adecuado. La diferencia entre las dos órdenes es que una orden Long se utiliza para beneficiarse de un aumento en el precio de un activo, mientras que una orden Short se utiliza para beneficiarse de una disminución en el precio de un activo.

Es importante tener en cuenta que abrir una posición Short implica vender un activo que no se posee, lo que se conoce como "venta en corto". Para hacer esto, el trader debe pedir prestado el activo a través de su corredor y venderlo en el mercado con la esperanza de que su precio baje. Si el precio baja, el trader puede comprar el activo de nuevo a un precio más bajo para devolverlo a su corredor y obtener una ganancia. Sin embargo, si el precio sube, el trader puede incurrir en una pérdida significativa, ya que tendrá que comprar el activo a un precio más alto para devolverlo a su corredor. Por esta razón, el trading en corto se considera una estrategia de mayor riesgo que el trading en largo.

1.3 Ordenes límite y a Mercado.

Las órdenes límite y las órdenes a mercado son dos tipos de órdenes que se utilizan en el trading para comprar o vender un activo en el mercado.

Orden Límite: Una orden límite es una orden de compra o venta que se establece con un precio específico. Cuando el precio del activo alcanza el precio establecido en la orden límite, la orden se ejecuta automáticamente. Por ejemplo, si un trader quiere comprar una criptomoneda a un precio determinado, puede colocar una orden límite de compra en el mercado. Si el precio de la criptomoneda baja a ese nivel, la orden límite se ejecutará y el trader comprará la criptomoneda al precio establecido.

Orden a Mercado: Una orden a mercado es una orden de compra o venta que se ejecuta al precio actual del mercado. En otras palabras, el trader está dispuesto a comprar o vender el activo al precio que se está negociando en el momento en que se coloca la orden. Por ejemplo, si un trader quiere vender una criptomoneda rápidamente y no está preocupado por el precio al que la vende, puede colocar una orden a mercado de venta y la orden se ejecutará inmediatamente al precio actual del mercado.

Es importante tener en cuenta que las órdenes a mercado pueden ejecutarse a un precio diferente al que el trader anticipaba debido a la volatilidad del mercado. Por lo tanto, los traders suelen preferir las órdenes límite, ya que les permiten establecer un precio específico al que desean comprar o vender el activo. Sin embargo, las órdenes límite pueden no ejecutarse si el precio nunca alcanza el nivel establecido, por lo que es importante establecer el precio límite de forma cuidadosa y estar al tanto de los cambios en el mercado.

1.4 Tipos de Instrumentos Financieros

Los instrumentos financieros son contratos que representan un valor financiero, y pueden ser negociados en los mercados financieros. Existen varios tipos de instrumentos financieros, cada uno con características y propósitos diferentes. A continuación, describimos algunos de los tipos más comunes de instrumentos financieros:

Acciones: Las acciones representan la propiedad de una parte de una empresa. Los accionistas tienen derecho a una parte de los beneficios de la empresa, así como a voto en las decisiones importantes de la empresa.

Bonos: Los bonos son instrumentos de deuda que emiten las empresas, gobiernos y otras entidades. Los bonos permiten a los emisores obtener financiamiento a largo plazo. Los inversores que compran bonos reciben pagos de intereses periódicos y, al final del plazo, reciben el valor nominal del bono.

Fondos de inversión: Los fondos de inversión son instrumentos financieros que permiten a los inversores comprar una participación en un fondo que invierte en una cartera diversificada de activos, como acciones, bonos, bienes raíces, entre otros. Los fondos de inversión pueden ser gestionados activamente por un gestor profesional, o pueden ser fondos indexados que siguen el rendimiento de un índice de referencia.

Futuros: Los contratos de futuros son acuerdos para comprar o vender un activo subyacente en una fecha futura a un precio determinado. Los futuros se negocian en mercados organizados, como los mercados de materias primas y de divisas.

Opciones: Las opciones son contratos que otorgan al comprador el derecho, pero no la obligación, de comprar o vender un activo subyacente a un precio determinado en una fecha determinada. Las opciones pueden ser utilizadas para cubrir riesgos o para obtener beneficios especulativos.

Divisas: Las divisas son instrumentos financieros que representan el valor de una moneda en relación con otra. El mercado de divisas, también conocido como Forex, es el mercado más grande del mundo y se utiliza para el intercambio de monedas de diferentes países.

Apalacamientos:

El apalancamiento es una herramienta utilizada por los inversores para aumentar el potencial de ganancias en una inversión determinada. En general, los activos que ofrecen apalancamiento son aquellos que tienen una alta volatilidad y un alto potencial de ganancias o pérdidas. A continuación se detallan algunos de los activos que ofrecen apalancamiento:

Forex: El mercado de divisas o Forex es uno de los mercados más populares para el apalancamiento. Los corredores de Forex ofrecen apalancamiento a los traders para permitirles controlar posiciones mucho mayores que su capital inicial. El apalancamiento en el mercado de divisas puede variar desde 1:2 hasta 1:1000.

Contratos por Diferencia (CFDs): Los CFDs son contratos que permiten a los traders invertir en una amplia gama de activos, incluyendo acciones, índices, materias primas y divisas. Los CFDs suelen ofrecer un alto apalancamiento, lo que significa que los traders pueden controlar

Futuros: Los contratos de futuros son acuerdos para comprar o vender un activo en una fecha determinada en el futuro. Los futuros suelen ofrecer un alto apalancamiento, lo que significa que los traders pueden controlar grandes posiciones con una inversión relativamente pequeña.

Opciones: Las opciones son contratos que otorgan al titular el derecho, pero no la obligación, de comprar o vender un activo a un precio determinado en una fecha determinada en el futuro. Las opciones pueden ofrecer un alto apalancamiento y pueden ser una forma de controlar grandes posiciones con una inversión relativamente pequeña.

Es importante tener en cuenta que el apalancamiento aumenta el potencial de ganancias, pero también aumenta el riesgo de pérdidas. Los traders deben tener cuidado al utilizar el apalancamiento y asegurarse de entender los riesgos antes de operar con activos apalancados.

Estos son solo algunos ejemplos de los tipos de instrumentos financieros que existen. Es importante que los inversores y traders comprendan las características y riesgos de cada tipo de instrumento antes de invertir en ellos.

1.5 El Papel del Trading en los Mercados Financieros

El trading es una actividad fundamental en los mercados financieros. Se trata de comprar y vender instrumentos financieros con el objetivo de obtener ganancias a corto plazo. Los traders utilizan diferentes estrategias y técnicas para tomar decisiones de inversión y lograr el éxito en sus operaciones.

El papel del trading es esencial en los mercados financieros ya que es la actividad que determina el precio de los diferentes instrumentos financieros. La oferta y la demanda de un instrumento financiero determina su precio, y los traders son quienes generan la demanda y la oferta en el mercado.

Además, el trading permite la liquidez del mercado, es decir, la capacidad de comprar y vender instrumentos financieros con rapidez y eficiencia. La liquidez es esencial para que los mercados financieros funcionen correctamente y permitan la inversión de capital de manera eficiente.

Otro papel importante del trading en los mercados financieros es la generación de oportunidades de inversión. Los traders pueden detectar oportunidades de inversión en diferentes mercados y generar ganancias a partir de ellas. Estas oportunidades pueden ser generadas por cambios en la economía, eventos políticos o cambios en la industria.

En resumen, el trading es una actividad esencial en los mercados financieros, ya que determina el precio de los instrumentos financieros, proporciona liquidez y genera oportunidades de inversión. Los traders deben tener conocimientos y habilidades adecuados para tomar decisiones informadas y maximizar sus ganancias en los mercados financieros.

1.6 Tipos de trading

Existen diferentes tipos de trading que se adaptan a las necesidades y objetivos de los traders en los mercados financieros. Un continuo

Trading diario: Es una estrategia de trading en la que el trader abre y cierra posiciones en el mismo día. El objetivo es obtener ganancias a corto plazo a partir de fluctuaciones del mercado en el día.

Trading de corto plazo (Swing trading): Es una estrategia de trading en la que el trader abre y cierra posiciones en un plazo de días a semanas. El objetivo es aprovechar movimientos de precio a corto plazo en el mercado.

Trading de largo plazo (Position trading): Es una estrategia de trading en la que el trader mantiene posiciones abiertas durante varios meses o incluso años. El objetivo es obtener ganancias a largo plazo a partir de tendencias del mercado.

Trading algorítmico (Algorithmic trading): Es una estrategia de trading en la que se utilizan algoritmos para tomar decisiones de inversión y ejecutar operaciones automáticamente. Esta estrategia se basa en el análisis de datos y la programación de algoritmos que permiten tomar decisiones de inversión precisas y eficientes.

Trading social (Social trading): Es una estrategia de trading en la que los traders pueden compartir y seguir las operaciones de otros traders en una plataforma de trading social. Esta estrategia se basa en el análisis de las decisiones de inversión de otros traders para tomar decisiones informadas.

Trading con derivados: Es una estrategia de trading en la que se negocian instrumentos financieros que derivan su valor de otros activos subyacentes, como futuros, opciones, CFDs, entre otros.

Brokers: Un broker (también conocido como corredor o agente) es una persona o empresa que actúa como intermediario entre un comprador y un vendedor en una transacción financiera. En términos generales, un broker es alguien que conecta a las partes interesadas y facilita el intercambio de bienes, servicios o activos financieros.

En el mundo de las finanzas, los brokers se utilizan para comprar y vender una amplia variedad de activos, incluyendo acciones, bonos, divisas, materias primas y criptomonedas. Los brokers pueden ser individuos o empresas que trabajan en nombre de sus clientes, ya sea para comprar o vender activos en su nombre o para proporcionar asesoramiento y recomendaciones sobre inversiones.

Los brokers pueden ganar dinero de varias maneras, incluyendo mediante el cobro de comisiones por transacción, mediante la diferencia entre el precio de compra y venta (conocido como spread), o mediante el cobro de una tarifa por sus servicios de asesoramiento.

Los brokers también pueden proporcionar a sus clientes una variedad de herramientas y recursos para ayudarles en sus inversiones, incluyendo análisis de mercado, noticias financieras y gráficos de precios en tiempo real.

Es importante tener en cuenta que no todos los brokers son iguales. Al elegir un broker, es importante investigar y comparar las diferentes opciones disponibles para encontrar uno que se adapte a sus necesidades y objetivos de inversión. Algunas cosas a considerar incluyen la calidad de los servicios, la gama de activos disponibles, las comisiones y tarifas, y la regulación y seguridad del broker.

Cada tipo de trading tiene sus propias ventajas y desventajas, y se adapta a diferentes perfiles de traders y objetivos de inversión. Es importante que los traders conozcan bien cada tipo de trading y elijan el que mejor se adapte a sus necesidades y objetivos.

BRokers/plataformas

Algunas de las plataformas más importantes para hacer trading de forex y acciones son:

MetaTrader 4 y 5: son plataformas de trading populares y ampliamente utilizadas en todo el mundo, especialmente para operar en los mercados de forex y CFDs. Ofrecen gráficos avanzados, herramientas de análisis técnico, órdenes avanzadas y una amplia variedad de indicadores.

eToro: es una plataforma de trading social que permite a los traders copiar las operaciones de otros traders exitosos. Ofrece una amplia variada

Interactive Brokers: es una plataforma de trading para inversores avanzados que ofrece una amplia variedad de instrumentos financieros, incluyendo acciones, opciones, futuros, forex, bonos y fondos. De

TD Ameritrade: es una plataforma de trading en línea que ofrece una amplia variedad de instrumentos financieros, incluyendo acciones, opciones, ETFs, futuros y forex.

En resumen, el trading es una actividad que involucra la compra y venta de activos financieros con el objetivo de obtener ganancias a partir de las fluctuaciones de precios. Hay diferentes tipos de instrumentos financieros y tipos de trading, y cada uno tiene sus propias características y riesgos. Es importante comprender los fundamentos del trading y los mercados financieros antes de comenzar a operar.

Tactica*

"Elige el mercado que mejor se adapte a ti recuerda que el trading debe ser una actividad complementaria a tu dia dia, no al reves. Obsesionarse en este mundo puede terminar con grandes perdidas de Dinero"

Capítulo 2: Análisis Técnico - Herramientas y Técnicas

El análisis técnico es una herramienta utilizada en el trading para analizar los movimientos de precios y las tendencias de los mercados financieros. En este capítulo, se discutirán los fundamentos del análisis técnico, incluyendo algunos de los indicadores técnicos más comunes utilizados por los traders.

2.1 ¿Qué es el Análisis Técnico?

El análisis técnico es una técnica utilizada en el trading para estudiar y predecir el comportamiento de los precios de los instrumentos financieros, como las acciones, los futuros y las divisas. El análisis técnico se basa en el estudio de los gráficos de precios y otros datos del mercado para identificar patrones, tendencias y señales de compra y venta.

El análisis técnico se basa en la premisa de que el comportamiento de los precios en el pasado puede proporcionar información valiosa sobre el comportamiento futuro de los precios. Los analistas técnicos creen que los precios se mueven en tendencias y que estas tendencias pueden ser identificadas y aprovechadas para obtener ganancias en el mercado.

El análisis técnico utiliza una variedad de herramientas y técnicas, incluyendo gráficos de precios, indicadores técnicos y análisis de patrones de velas. Los analistas técnicos utilizan estas herramientas para identificar niveles de soporte y resistencia, patrones de precios, señales de compra y venta y otros indicadores que pueden ayudarles a tomar decisiones informadas sobre cómo invertir en los mercados financieros.

El análisis técnico es especialmente popular entre los traders a corto plazo, ya que permite identificar oportunidades de trading en el corto plazo. Sin embargo, también se utiliza por los traders a largo plazo y los inversores a largo plazo como una herramienta para identificar tendencias a largo plazo y señales de entrada y salida del mercado.

2.2 Gráficos de precios

Los gráficos de precios son una herramienta fundamental en el análisis técnico del trading. Son una representación visual de la evolución del precio de un instrumento financiero, como una acción, un índice bursátil, una divisa o una materia prima, a lo largo del tiempo.

Los gráficos de precios se dividen en dos tipos: gráficos de barras y gráficos de velas japonesas. Ambos tipos de gráficos muestran el mismo tipo de información, pero utilizan diferentes formatos para representarla.

Los gráficos de barras representan el precio máximo, mínimo, de apertura y de cierre en forma de barras verticales. La parte inferior de la barra representa el precio más bajo del activo durante ese período de tiempo, la parte superior representa el precio más alto, la línea horizontal de la izquierda representa el precio de apertura y la línea horizontal de la derecha representa el precio de cierre.

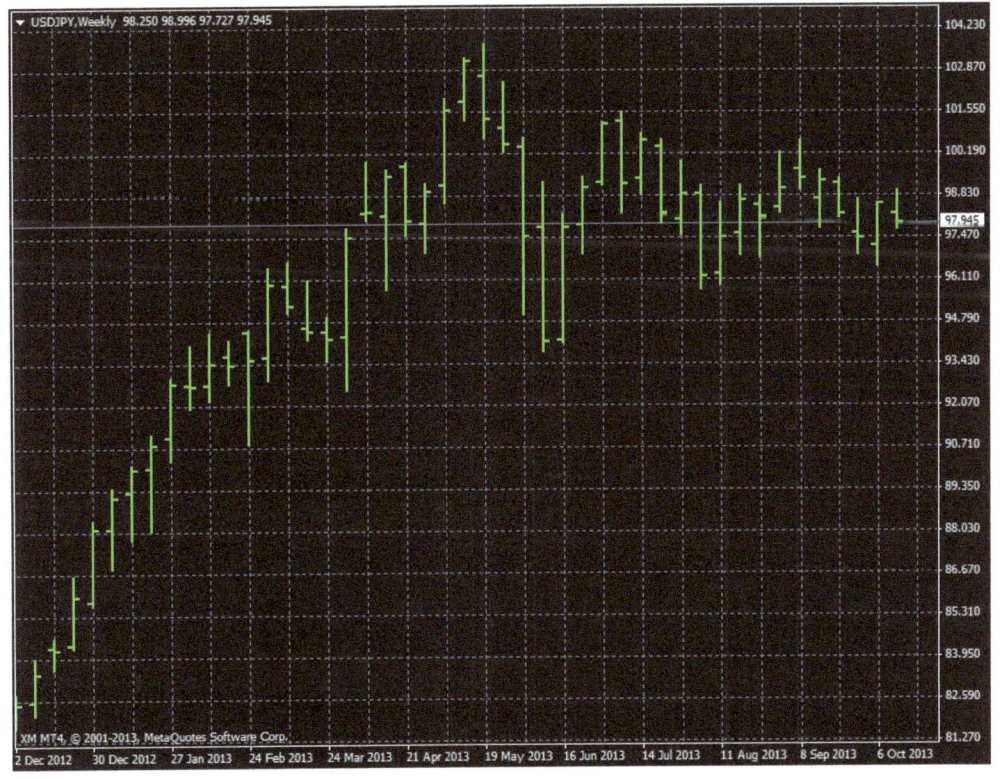

Por otro lado, los gráficos de velas japonesas también representan los precios de apertura, cierre, máximo y mínimo en un período determinado. Sin embargo, el formato es diferente. Cada vela representa un período de tiempo, generalmente días, y tiene un cuerpo rectangular y dos líneas que se extienden desde la parte superior e inferior del cuerpo, llamadas mechas o sombras. El color del cuerpo de la vela representa si el precio de cierre es más alto o más bajo que el precio de apertura.

Los gráficos de precios permiten a los traders identificar patrones y tendencias en el comportamiento del precio de un instrumento financiero a lo largo del tiempo, lo que les permite tomar decisiones informadas sobre cuándo comprar o vender un activo.

2.3 Indicadores técnicos

Los indicadores técnicos son herramientas matemáticas que se utilizan en el análisis técnico del trading para ayudar a los traders a identificar patrones y tendencias en el comportamiento del precio de un activo y tomar decisiones informadas sobre cuándo comprar o vender.

Los indicadores técnicos se basan en fórmulas matemáticas que utilizan datos históricos de precios, volumen o interés abierto para calcular una serie de valores que se representan en un gráfico junto con el precio del activo. Estos valores se utilizan para identificar señales de compra o venta.

Algunos de los indicadores técnicos más comunes incluyen:

Media móvil: es un indicador que suaviza la fluctuación del precio al calcular el promedio de los precios de un activo durante un período de tiempo específico. Puede ser útil para identificar tendencias.

RSI (Índice de fuerza relativa): es un indicador que mide la fuerza y la velocidad de los cambios en el precio de un activo. Puede ser útil para identificar cuándo un activo está sobrecomprado o sobrevendido.

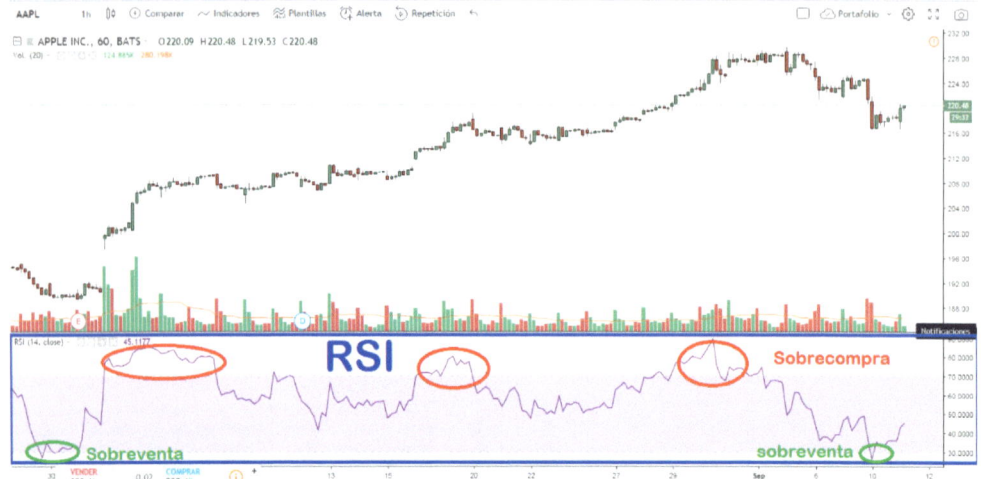

MACD (Convergencia/divergencia de medias móviles): es un indicador que combina dos medias móviles para identificar cambios en la tendencia del precio. Puede ser útil para identificar cuándo se producen cruces entre las medias móviles.

Bandas de Bollinger: son un indicador que se utiliza para medir la volatilidad del precio de un activo y para identificar los niveles de soporte y resistencia. Las bandas se crean utilizando una media móvil y dos desviaciones estándar del precio.

Estocástico: es un indicador que se utiliza para identificar cambios en la dirección del precio. Mide la posición del precio de cierre de un activo en relación con su rango de precios durante un período de tiempo específico.

Hay muchos otros indicadores técnicos disponibles, y cada uno tiene sus fortalezas y debilidades. Los traders pueden utilizar varios indicadores técnicos juntos para obtener una mejor comprensión del comportamiento del precio de un activo.

2.4 Conclusión

El análisis técnico es una herramienta importante utilizada por los traders para analizar los movimientos de precios y las tendencias de los mercados financieros. Los gráficos de precios y los indicadores técnicos son herramientas clave utilizadas en el análisis técnico para identificar tendencias y posibles puntos de entrada y salida de una posición. Es importante tener en cuenta que el análisis técnico no es una ciencia exacta y que los movimientos de precios futuros pueden no seguir los patrones identificados mediante el análisis técnico.

Tactica*

" Practica con cuentas demo los indicadores que vayas a trabajar y siempre a tiempo real en el mercado, olvida los datos pasados. Realiza simpre la misma estrategia que marques en tu plan de trading se constante y testea tus entradas y salidas del mercado. "

capitulo 3 Análisis Fundamental - Cómo Analizar el Mercado

El análisis fundamental es una técnica utilizada para evaluar el valor de una empresa o mercado, basada en la investigación de factores económicos, financieros y otros factores externos que pueden afectar a la empresa o mercado. A continuación, se presentan los pasos básicos para realizar un análisis fundamental del mercado:

Análisis del entorno macroeconómico: Este análisis se centra en la evaluación de factores macroeconómicos como el PIB, la inflación, las tasas de interés, la política fiscal y monetaria, y otros factores que pueden afectar el desempeño del mercado.

Análisis del sector: Este análisis se centra en la evaluación de los factores específicos del sector que pueden afectar el desempeño de la empresa o mercado. Algunos factores a tener en cuenta incluyen la competencia, los cambios regulatorios, la tecnología y las tendencias del consumidor.

Análisis de la empresa: Este análisis se centra en la evaluación de los estados financieros de la empresa y otros factores internos que pueden afectar su desempeño. Algunos factores a considerar incluyen la gestión, la estructura de costos, el endeudamiento y la capacidad de generar flujo de caja.

Análisis de los ratios financieros: Este análisis implica la evaluación de los ratios financieros de la empresa, incluyendo el precio-ganancias (P/E), el retorno sobre el capital invertido (ROIC), el margen de beneficio y otros ratios que pueden proporcionar una indicación del desempeño financiero de la empresa.

Análisis de los modelos de valoración: Este análisis implica el uso de modelos financieros para estimar el valor intrínseco de una empresa o mercado. Algunos de los modelos de valoración más comunes incluyen el modelo de descuento de flujo de efectivo (DCF), el modelo de múltiplos y el modelo de comparables.

En resumen, el análisis fundamental es una técnica compleja que requiere una comprensión profunda de los factores macroeconómicos, del sector y de la empresa, así como una capacidad para utilizar modelos financieros para estimar el valor intrínseco de una empresa o mercado. Aunque puede ser difícil de dominar, el análisis fundamental puede ser una herramienta valiosa para los inversores que buscan identificar oportunidades de inversión a largo plazo en el mercado.

3-1 Como analizar el mercado

Analizar un mercado financiero es un proceso importante para cualquier persona que desee tomar decisiones informadas de inversión. A continuación se describen los pasos generales que se pueden seguir para analizar un mercado:

Obtener datos: Para analizar un mercado financiero, es necesario recopilar y examinar una gran cantidad de información relevante. Algunas fuentes comunes de datos incluyen informes de noticias financieras, informes económicos gubernamentales, informes de la empresa, datos de gráficos de precios y estadísticas de interés público.

Identificar tendencias: Una vez que se han recopilado los datos, el siguiente paso es identificar cualquier tendencia o patrón que pueda estar emergiendo en el mercado. Esto puede incluir el seguimiento de la dirección general del mercado (alcista, bajista o neutral), la identificación de patrones de precios, el seguimiento de la actividad de compra y venta, y la observación de los cambios en las tasas de interés y las políticas gubernamentales.

Analizar la oferta y la demanda: El análisis de la oferta y la demanda es esencial para entender cómo funciona un mercado. Los inversores deben tener en cuenta tanto la oferta como la demanda para entender cómo los cambios en el mercado pueden afectar los precios de los activos.

Estudiar los factores económicos: Los factores económicos tienen un gran impacto en los mercados financieros. Los inversores deben estar al tanto de los informes económicos gubernamentales, como los informes de empleo y los informes de inflación, y estudiar cómo estos informes pueden afectar el mercado.

Analizar los informes de la empresa: Los inversores también deben analizar los informes de la empresa para comprender el desempeño financiero de las empresas en el mercado. Esto puede incluir el examen de los ingresos, las ganancias y las proyecciones futuras.

Evaluar los riesgos: Es importante evaluar los riesgos asociados con cualquier inversión. Los inversores deben evaluar los riesgos asociados con la inversión en un mercado específico y tener un plan en caso de que ocurra lo inesperado.

En resumen, analizar un mercado financiero implica recopilar y examinar datos, identificar tendencias, analizar la oferta y la demanda, estudiar los factores económicos, analizar los informes de la empresa y evaluar los riesgos. Tomar el tiempo para analizar cuidadosamente un mercado puede ayudar a los inversores a tomar decisiones informadas y a minimizar los riesgos asociados con la inversión.

Identificación de la tendencia: El primer paso es identificar la tendencia actual del mercado. La tendencia puede ser alcista, bajista o lateral. Esto se puede determinar mediante el uso de gráficos y análisis técnicos.

si configuramos una ema de 200 periodos y el precio se encuentra por encima de esta diriamos que estamos en una tendencia alcista, de lo contrario si el precio esta por debajo de esta ema de 200 periodos estaremos en una tendencia bajista, estas tendencias deben de comprobarse en temporalidades diarias y o semanales.

Análisis de los indicadores técnicos: Los indicadores técnicos son herramientas utilizadas para analizar los movimientos de los precios y la volatilidad del mercado. Algunos indicadores comunes incluyen las medias móviles, el índice de fuerza relativa (RSI) y el estocástico.

Análisis de los patrones de precios: El análisis de los patrones de precios implica la identificación de patrones en los gráficos de precios que pueden indicar la dirección futura del mercado. Algunos patrones comunes incluyen la cabeza y los hombros, el doble techo y el doble suelo.

Patrón de doble techo

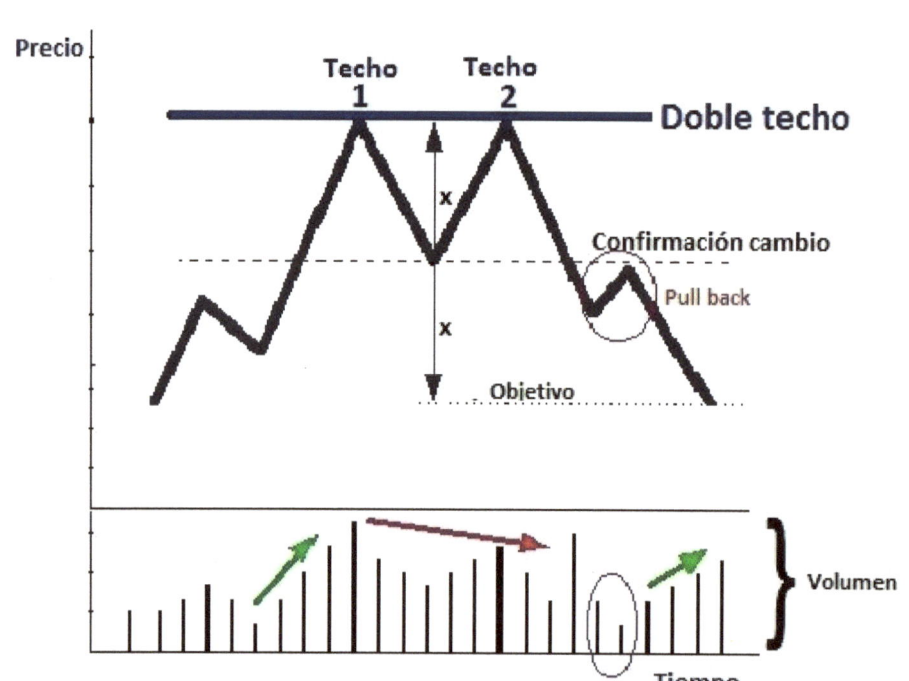

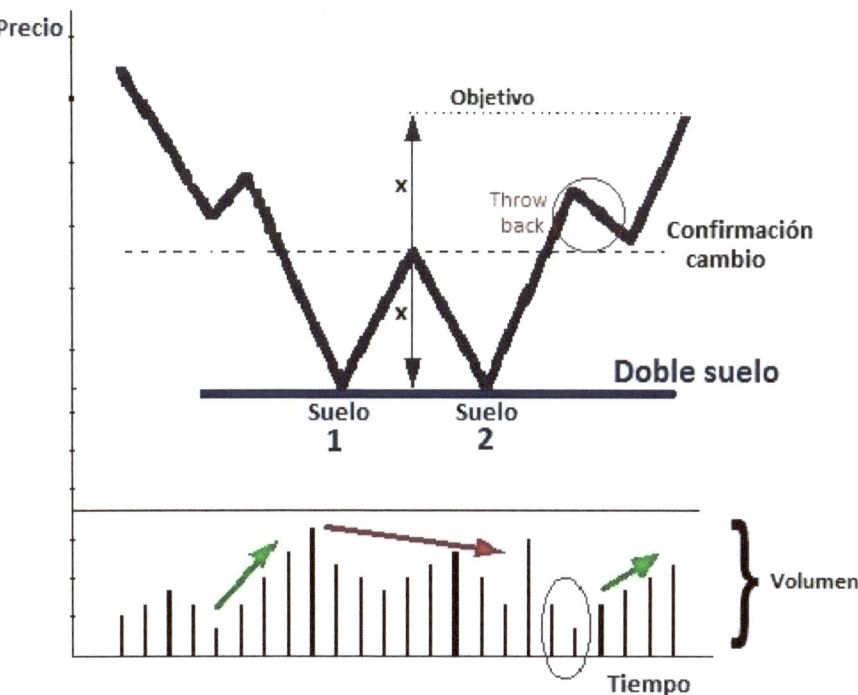

Análisis del volumen de operaciones: El volumen de operaciones es una medida de la cantidad de acciones negociadas en el mercado. Un aumento en el volumen de operaciones puede indicar un cambio en la dirección del mercado.

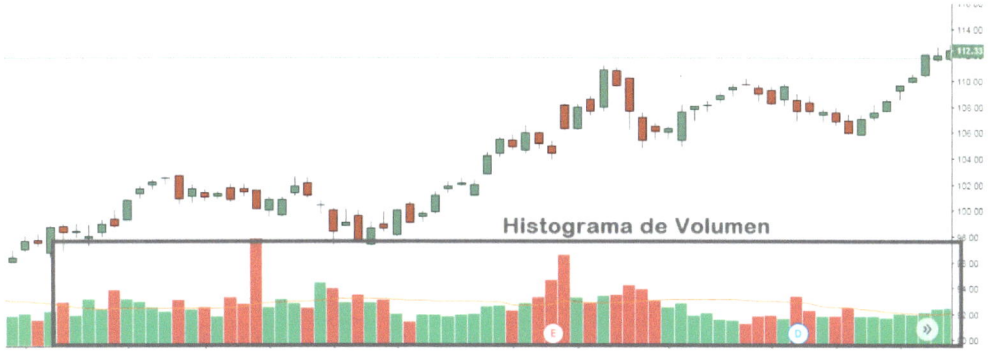

Análisis del sentimiento del mercado: El sentimiento del mercado se refiere a la opinión general del mercado sobre el futuro del mercado. Se puede evaluar mediante encuestas y el análisis de la cobertura mediática.

Fomo: FOMO es un acrónimo en inglés que significa "Fear Of Missing Out", que se traduce al español como "miedo a perderse algo". En el contexto de las inversiones, el FOMO se refiere a la ansiedad que sienten los inversores cuando ven que otros están obteniendo grandes ganancias en un activo o mercado y temen perder la oportunidad de obtener esas ganancias también.

El FOMO puede llevar a los inversores a tomar decisiones impulsivas y a actuar en contra de su estrategia de inversión. Por ejemplo, si un inversor ve que una criptomoneda ha experimentado un gran aumento en su precio y teme perder la oportunidad de obtener ganancias, puede decidir invertir una gran cantidad de dinero en esa criptomoneda sin realizar una investigación adecuada sobre la misma. Esto puede llevar a pérdidas financieras significativas si el precio de la criptomoneda cae repentinamente.

Es importante tener en cuenta que el FOMO no solo afecta a los inversores novatos, sino que también puede afectar a los inversores experimentados. Es por eso que es esencial tener una estrategia de inversión bien definida y no dejarse llevar por las emociones en el momento de tomar decisiones de inversión.

El FOMO se refiere al miedo a perderse una oportunidad de obtener ganancias en un activo o mercado. Puede llevar a los inversores a tomar decisiones impulsivas y a actuar en contra de su estrategia de inversión. Es importante tener una estrategia de inversión bien definida y no dejar que las emociones afecten las decisiones de inversión.

En resumen, el análisis del mercado implica la identificación de la tendencia actual del mercado, el uso de indicadores técnicos y patrones de precios, la evaluación del volumen de operaciones y el análisis del sentimiento del mercado para determinar la dirección y la fuerza de la oferta y la demanda. Es importante recordar que el análisis del mercado no es una ciencia exacta y requiere una combinación de habilidades técnicas y de interpretación para obtener una visión clara del mercado.

*Tactica**

" Alguien sugirio una vez que comprar cuando hay miedo y vender cuando hay Fomo es la mejor Estrategia"

capitulo 4 Psicología del Trading

La psicología del trading se refiere al estudio de los aspectos psicológicos que influyen en la toma de decisiones de los traders. Esta disciplina se centra en entender cómo las emociones y los pensamientos afectan el proceso de toma de decisiones y cómo estas decisiones influyen en el desempeño de la operación.

La psicología del trading es importante porque el éxito en el trading depende en gran medida de la capacidad de los traders para controlar sus emociones y pensamientos mientras están en el mercado. Los traders que son capaces de controlar sus emociones, ser disciplinados y tomar decisiones basadas en la razón en lugar de la emoción, tienen más probabilidades de tener éxito en el largo plazo.

Algunas de las emociones que pueden influir en la toma de decisiones de los traders incluyen el miedo, la codicia, la esperanza y la frustración. Estas emociones pueden ser particularmente fuertes en momentos de alta volatilidad o cuando los traders están experimentando pérdidas.

La psicología del trading también se ocupa de los aspectos cognitivos del trading, como la memoria, la atención y la percepción. Por ejemplo, la memoria de los traders puede ser sesgada por experiencias previas de éxito o fracaso en el mercado, lo que puede influir en su toma de decisiones futuras. La atención y la percepción también pueden ser importantes, ya que los traders necesitan ser capaces de identificar patrones y señales en el mercado para tomar decisiones informadas.

La psicología del trading es un tema crucial para cualquier trader que quiera ser exitoso en los mercados financieros. A menudo, la diferencia entre los traders exitosos y los que fracasan no es la técnica o la estrategia, sino la psicología.

Control emocional: Uno de los aspectos más importantes de la psicología del trading es el control emocional. Los traders exitosos son capaces de controlar sus emociones y no permitir que la euforia, el miedo o la avaricia nublen su juicio. Para lograr esto, es importante tener un plan de trading claro y seguirlo de manera disciplinada.

Gestión del riesgo: La gestión del riesgo es clave para el éxito del trading y también tiene un gran impacto en la psicología del trader. Un trader que gestiona adecuadamente su riesgo puede operar con más confianza y seguridad, lo que a su vez puede mejorar su psicología.

Paciencia: La paciencia es una virtud en el trading. Los traders exitosos son pacientes y esperan a que se presenten las mejores oportunidades antes de tomar una posición. La impaciencia puede llevar a tomar decisiones apresuradas y emocionales que pueden resultar en pérdidas.

Adaptabilidad: Los mercados financieros son cambiantes y los traders exitosos son capaces de adaptarse a las condiciones cambiantes del mercado. Esto puede requerir hacer ajustes a la estrategia de trading o incluso cambiar de enfoque cuando sea necesario.

Mentalidad de aprendizaje: La mentalidad de aprendizaje es importante para cualquier trader que quiera mejorar su psicología y su éxito en el trading. Los traders exitosos están siempre aprendiendo y buscando mejorar su conocimiento y habilidades. Al ver el trading como un proceso continuo de aprendizaje, un trader puede mantener una mentalidad más positiva y enfocada en el crecimiento.

La psicología del trading es un aspecto crucial del éxito en los mercados financieros. Al seguir estas pautas importantes, los traders pueden mejorar su control emocional, gestión del riesgo, paciencia, adaptabilidad y mentalidad de aprendizaje, lo que puede ayudar a mejorar su psicología y su rendimiento en el trading.

Desarrollar estrategia:

Desarrollar una estrategia para la psicología del trading implica adoptar hábitos y técnicas que ayuden a los traders a mantener un estado mental equilibrado y disciplinado mientras operan en los mercados financieros.

Establecer metas claras y realistas: Es importante establecer objetivos claros y realistas para cada operación, y para la actividad comercial en general. Las metas deben ser alcanzables y se deben establecer planes claros para alcanzarlas.

Mantener la disciplina: La disciplina es esencial para mantener el enfoque y evitar tomar decisiones emocionales. Los traders deben seguir sus planes comerciales y evitar desviarse de su estrategia debido a la emoción del momento.

Mantener el control emocional: Los traders deben controlar sus emociones, como el miedo y la avaricia, que pueden afectar negativamente sus decisiones comerciales. Mantener un estado mental equilibrado y ser consciente de las emociones durante el trading es importante para tomar decisiones informadas y racionales.

Evaluar el riesgo: Los traders deben ser conscientes del riesgo que están dispuestos a asumir en cada operación y establecer límites claros para evitar pérdidas excesivas. La gestión del riesgo debe ser una parte integral de cualquier estrategia comercial.

Evaluar el rendimiento: Es importante evaluar el rendimiento comercial en función de los objetivos establecidos y hacer ajustes a la estrategia comercial si es necesario. El seguimiento del rendimiento también ayuda a identificar fortalezas y debilidades de la estrategia.

Mantener una actitud positiva: Mantener una actitud positiva y estar motivado es clave para el éxito comercial a largo plazo. Los traders deben centrarse en las metas a largo plazo y en los pasos que deben tomar para alcanzarlas.

En resumen, una estrategia efectiva de psicología del trading implica mantener la disciplina, controlar las emociones, evaluar el riesgo y el rendimiento, y mantener una actitud positiva y motivada. Establecer metas claras y realistas y mantenerse enfocado en ellas también es esencial para lograr el éxito comercial a largo plazo.

*Tactica**

"invierte solo aquel dinero que no necesites para vivir y no tengas miedo a perderlo. El fracaso es el unico camino que lleva al exito. Aprende de cada error solo asi te dotaras de experiencia suficiente para el exito"

Capítulo 5: Gestión del riesgo

La gestión del riesgo es una parte fundamental del trading y consiste en un conjunto de técnicas y estrategias utilizadas por los traders para identificar, medir, controlar y minimizar el riesgo en sus operaciones financieras.

El objetivo principal de la gestión del riesgo es preservar el capital del trader, limitando sus pérdidas y maximizando sus ganancias a largo plazo. Al implementar una buena gestión del riesgo, los traders pueden reducir la probabilidad de sufrir grandes pérdidas y mejorar su rentabilidad general.

La gestión del riesgo incluye el uso de técnicas de control de riesgos como el stop loss, que es una orden para cerrar una posición si el precio del activo cae a un cierto nivel. También se pueden utilizar técnicas de diversificación, como invertir en diferentes tipos de activos o mercados, y técnicas de gestión de posiciones, como ajustar el tamaño de la posición en función del riesgo.

La gestión del riesgo es esencial para cualquier trader, ya que los mercados financieros son inherentemente volátiles y pueden ser impredecibles. Al implementar una gestión del riesgo efectiva, los traders pueden minimizar sus pérdidas y maximizar sus ganancias, lo que les permite tener éxito a largo plazo en el trading.

5.1 Conceptos básicos de la gestión del riesgo

Los conceptos básicos de la gestión del riesgo son fundamentales para cualquier trader, ya que ayudan a reducir las posibilidades de sufrir pérdidas significativas en el mercado financiero. A continuación, se describen algunos de los conceptos básicos más importantes de la gestión del riesgo:

Stop Loss: El Stop Loss es una orden de venta automática que se utiliza para limitar las pérdidas en una operación de compra o venta de activos financieros. Es una herramienta importante en la gestión del riesgo en el trading y ayuda a los traders a controlar sus pérdidas y evitar grandes descensos en su capital.

El Stop Loss se establece en un nivel de precio predeterminado, que es el precio al que el trader está dispuesto a aceptar una pérdida en una operación. Si el precio del activo alcanza ese nivel, se ejecuta automáticamente la orden de venta, cerrando la operación y limitando la pérdida.

El Stop Loss se puede ajustar en cualquier momento durante la operación, en función del movimiento del precio del activo y del riesgo que el trader esté dispuesto a asumir. Por lo tanto, el Stop Loss se puede utilizar tanto para limitar las pérdidas como para asegurar las ganancias.

Es importante mencionar que el Stop Loss no garantiza la eliminación completa del riesgo de pérdida, ya que puede haber situaciones de mercado extremas en las que el precio del activo salte sobre el nivel del Stop Loss, lo que resultaría en una pérdida mayor de lo previsto. Sin embargo, el uso adecuado del Stop Loss puede ayudar a minimizar el riesgo y mejorar la gestión del capital del trader.

Tamaño de la posición: El tamaño de la posición se refiere a la cantidad de dinero que un trader invierte en una operación. Un tamaño de posición adecuado puede ayudar a limitar el riesgo y proteger el capital. Es importante que los traders no arriesguen demasiado en una sola operación, ya que esto podría llevar a grandes pérdidas.

Diversificación: La diversificación implica invertir en diferentes activos o mercados para reducir el riesgo de pérdida. Por ejemplo, un trader podría invertir en acciones, bonos y divisas en lugar de centrarse en un solo tipo de activo. La diversificación puede ayudar a reducir la volatilidad y proteger el capital.

Relación riesgo-recompensa: La relación riesgo-recompensa es una estrategia clave en el trading y se refiere a la proporción entre la cantidad de dinero que se arriesga en una operación y la cantidad de dinero que se espera ganar.

En general, la relación riesgo-recompensa se expresa en términos de una proporción, como por ejemplo 1:2 o 1:3. Esto significa que por cada unidad de riesgo que se asume, se espera obtener dos o tres unidades de recompensa.

Por ejemplo, si un trader compra una acción a $50 y establece un Stop Loss en $45, asumiendo un riesgo de $5 por acción, entonces el objetivo de ganancia debería ser al menos de $10 o $15 por acción, para tener una relación riesgo-recompensa de 1:2 o 1:3, respectivamente.

La relación riesgo-recompensa es importante porque ayuda a los traders a evaluar la viabilidad de una operación antes de realizarla. Si la recompensa esperada no es suficientemente alta en relación al riesgo asumido, la operación puede no ser rentable a largo plazo. Por lo tanto, los traders deben buscar oportunidades en las que la recompensa potencial sea al menos el doble del riesgo asumido.

Es importante mencionar que la relación riesgo-recompensa no garantiza el éxito en una operación, ya que el mercado es impredecible y siempre hay un riesgo de pérdida.

Análisis del mercado: El análisis del mercado es fundamental para la gestión del riesgo, ya que permite a los traders tomar decisiones informadas y limitar el riesgo de pérdida. El análisis del mercado puede ser fundamental o técnico, y los traders deben utilizar ambos en conjunto para tomar decisión

Cobertura: la cobertura implica abrir una posición opuesta para reducir el riesgo. Por ejemplo, si un trader tiene una posición larga en un activo, puede abrir una posición corta en el mismo activo para reducir el riesgo.

5.3 Importancia de la gestión del riesgo

La gestión del riesgo es fundamental en cualquier tipo de inversión, y especialmente en el trading. Se refiere a la estrategia utilizada para minimizar el riesgo de pérdida y maximizar el potencial de ganancia en una operación.

La gestión del riesgo es importante por varias razones:

Protección del capital: Uno de los principales objetivos de la gestión del riesgo es proteger el capital del trader. Al limitar el riesgo de pérdida en una operación, se reduce la probabilidad de grandes descensos en el capital del trader.

Control emocional: El trading puede ser emocionalmente difícil, y una mala gestión del riesgo puede llevar a decisiones impulsivas basadas en el miedo o la avaricia. Una buena gestión del riesgo ayuda a mantener la calma y el control emocional.

Mejora de la rentabilidad: Al limitar las pérdidas y maximizar las ganancias, la gestión del riesgo puede mejorar la rentabilidad a largo plazo.

Identificación de oportunidades: La gestión del riesgo también ayuda a identificar oportunidades de inversión que ofrecen una relación riesgo-recompensa favorable. Al evaluar el riesgo potencial en relación a la recompensa esperada, los traders pueden tomar decisiones más informadas.

La gestión del riesgo se puede llevar a cabo mediante diversas estrategias, como establecer niveles de Stop Loss, diversificar la cartera, establecer objetivos de ganancias y limitar el tamaño de las operaciones en relación al capital disponible.

En resumen, la gestión del riesgo es esencial para cualquier trader que busque éxito a largo plazo en el trading. Al proteger el capital, controlar las emociones, mejorar la rentabilidad y encontrar oportunidades de inversión, la gestión del riesgo puede ayudar a los traders a alcanzar sus objetivos financieros.

*Tactica**

"Marcarse unas pautas de tiempo es mejor que un objetivo monetario diario/semanal/mensual, es decir establece un tiempo para probar tu estrategia por ejemplo en demo una o dos operaciones maximo al dia durante un mes o semana probando tu estrategia con tus indicadores y tu ratio perdida /beneficio. No tienes que preocuparte si te saltan los stop loss, lo importante es el conjunto de operaciones al final de cada mes si es positivo por pequeño que sea el beneficio. Vas por buen camino."

Capítulo 6: Gestión de Posiciones - Cómo Gestionar tus Operaciones

La gestión de posiciones se refiere a la estrategia utilizada para gestionar las operaciones abiertas en una cartera de trading. Una buena gestión de posiciones puede ayudar a reducir el riesgo de pérdida y maximizar el potencial de ganancias. Aquí hay algunas estrategias que se pueden utilizar para gestionar las posiciones:

Establecer niveles de Stop Loss y Take Profit: Los niveles de Stop Loss y Take Profit son herramientas esenciales para gestionar las operaciones. El Stop Loss se utiliza para limitar las pérdidas si el precio se mueve en contra de la posición, mientras que el Take Profit se utiliza para asegurar las ganancias si el precio alcanza un nivel objetivo.

Seguimiento del mercado: El seguimiento del mercado se refiere al proceso de monitorear continuamente el comportamiento del mercado y las condiciones económicas relevantes para tomar decisiones informadas de trading. El seguimiento del mercado implica la recopilación y análisis de información sobre factores que pueden afectar el precio de un activo, como las noticias económicas, eventos geopolíticos, anuncios de la empresa, indicadores técnicos, entre otros.

Al seguir de cerca el mercado, los traders pueden identificar oportunidades de trading potenciales y riesgos emergentes, lo que les permite tomar decisiones informadas sobre cuándo abrir, cerrar o ajustar una posición.

Para seguir el mercado, los traders pueden utilizar diferentes herramientas y recursos, como el análisis técnico y fundamental, los gráficos de precios, las noticias financieras y los informes de los analistas. Los traders también pueden utilizar plataformas de trading en línea que proporcionan una gran cantidad de información y herramientas de análisis para ayudar a los traders a tomar decisiones informadas.

Es importante destacar que el seguimiento del mercado es un proceso continuo y dinámico. Los traders deben estar dispuestos a adaptarse a las condiciones cambiantes del mercado y ajustar sus estrategias de trading en consecuencia. Además, es importante mantener la calma y el control emocional durante el proceso de seguimiento del mercado para evitar tomar decisiones impulsivas o basadas en el miedo o la codicia.

Ajuste de tamaño de posición: Es importante ajustar el tamaño de la posición de acuerdo al tamaño de la cuenta y al nivel de riesgo que se esté dispuesto a asumir. Si el tamaño de la posición es demasiado grande en relación al capital disponible, se puede aumentar el riesgo de pérdida.

Diversificación de la cartera: La diversificación de la cartera puede ayudar a reducir el riesgo al distribuir las posiciones en diferentes instrumentos financieros o mercados. Esto puede reducir el impacto de una operación negativa en la cartera general.

Gestión de la psicología del trading: La gestión de la psicología del trading también es esencial en la gestión de posiciones. Es importante mantener la calma y el control emocional al tomar decisiones de trading.

En resumen, la gestión de posiciones es fundamental para cualquier trader que busque reducir el riesgo y maximizar el potencial de ganancias. La estrategia de gestión de posiciones puede incluir establecer niveles de Stop Loss y Take Profit, seguimiento del mercado, ajuste del tamaño de la posición, diversificación de la cartera y gestión de la psicología del trading. Al utilizar estas estrategias, los traders pueden gestionar de manera efectiva las operaciones abiertas en su cartera de trading.

Tactica*

" Si tienes una estrategia que funcione aunque tengas pocos beneficios y llevas minimo 2 meses usandola diariamente es el momento de ir al mercado real, es hora de seguir haciendo lo mismo que hacias en demo, en este momento entraran en juego las emociones miedo /codicia "cuidado" sigue haciendo lo mismo siempre ,no te salgas de tu plan de trading. Recuerda 1 o 2 operacciones maximo diarias y si tu entrada no se da un dia no operes apaga y hasta otro dia."

Capítulo 7: Estrategias de Trading - Cómo Crear un Plan de Trading

Las estrategias de trading son planes y enfoques sistemáticos que los traders utilizan para tomar decisiones de trading. Las estrategias de trading se basan en diferentes factores, como el análisis técnico, el análisis fundamental, la psicología del trading, la gestión del riesgo, entre otros.

Existen muchas estrategias de trading diferentes, y cada una tiene sus propias reglas y enfoques para el análisis y la toma de decisiones. Algunas de las estrategias de trading más comunes incluyen:

Swing trading: Esta estrategia implica mantener una posición durante varios días o incluso semUna estrategia sencilla de Swing trading podría incluir los siguientes pasos:

Identificar la tendencia predominante: Utilizando el análisis técnico, el trader debe identificar la dirección de la tendencia predominante en el mercado. Esto se puede hacer utilizando herramientas como medias móviles, líneas de tendencia o indicadores técnicos.

Identificar niveles de soporte y resistencia: Una vez que se ha identificado la tendencia predominante, el trader debe buscar niveles de soporte y resistencia en el gráfico. Estos niveles pueden ser identificados utilizando herramientas de análisis técnico como líneas de tendencia, puntos pivote o indicadores de soporte y resistencia.

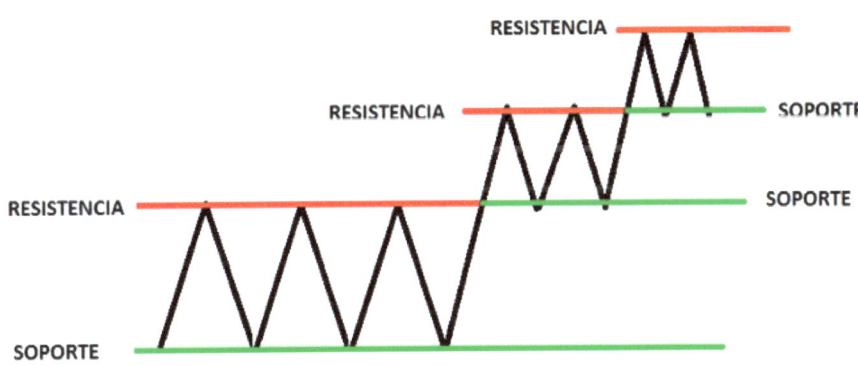

Esperar a una corrección de la tendencia: Una vez que se han identificado los niveles de soporte y resistencia, el trader debe esperar a que el precio se corrija en contra de la tendencia predominante y se acerque a uno de estos niveles.

Esperar a una confirmación de la tendencia: Una vez que el precio ha alcanzado un nivel de soporte o resistencia, el trader debe esperar a una confirmación de que la tendencia predominante se reanudará. Esto puede incluir la identificación de patrones de velas o la confirmación de un indicador técnico.

Abrir una posición en la dirección de la tendencia predominante: Si se confirma que la tendencia predominante se reanudará, el trader puede abrir una posición en la dirección de la tendencia. Por ejemplo, si la tendencia predominante es alcista, el trader puede abrir una posición larga (compra) una vez que se ha confirmado que el precio ha rebotado en un nivel de soporte.

Establecer un stop loss: Para gestionar el riesgo, el trader debe establecer un stop loss en caso de que el precio se mueva en su contra. El stop loss debe ser colocado justo por debajo del nivel de soporte o resistencia que ha sido identificado.

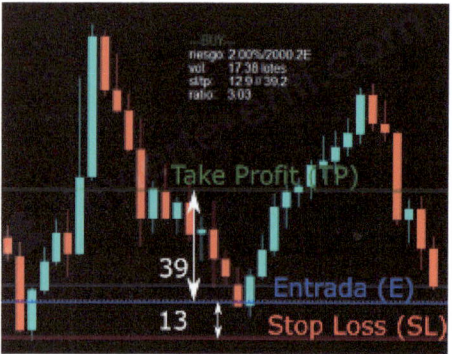

Establecer un objetivo de beneficios: El trader debe establecer un objetivo de beneficios para la posición. Este objetivo debe ser al menos el doble del riesgo asumido en la posición.

Gestionar la posición: Una vez que se ha abierto la posición, el trader debe gestionarla y ajustar el stop loss y el objetivo de beneficios según cambien las condiciones del mercado.

Esta estrategia es solo un ejemplo y debe ser ajustada y adaptada a las condiciones del mercado y del entorno económico. Además, es importante que el trader tenga una buena comprensión del análisis técnico y la gestión del riesgo antes de aplicar cualquier estrategia de trading.anas, aprovechando las fluctuaciones del precio a corto y medio plazo.

Scalping: Esta estrategia implica realizar operaciones rápidas y frecuentes para aprovechar los movimientos de precio a muy corto plazo. Los scalpers buscan obtener ganancias pequeñas en un corto período de tiempo.

El Scalping es una estrategia de trading que busca obtener pequeñas ganancias de manera rápida y consistente, aprovechando movimientos muy cortos del precio. A continuación, se describe una estrategia sencilla de Scalping:

Identificar la dirección de la tendencia: El Scalping se basa en aprovechar movimientos cortos del precio en la dirección de la tendencia predominante. Por lo tanto, el primer paso es identificar la dirección de la tendencia en un marco temporal más largo, como el gráfico diario o de 4 horas.

Identificar niveles de soporte y resistencia: Una vez que se ha identificado la tendencia predominante, el trader debe buscar niveles de soporte y resistencia en el gráfico de 1 o 5 minutos. Estos niveles pueden ser identificados utilizando herramientas de análisis técnico como líneas de tendencia, puntos pivote o indicadores de soporte y resistencia.

Utilizar indicadores técnicos: El Scalping se basa en movimientos rápidos del precio, por lo que es importante utilizar indicadores técnicos que sean adecuados para este tipo de operativa. Por ejemplo, el trader puede utilizar el indicador MACD para identificar señales de compra y venta.

Esperar a una corrección del precio: Una vez que se han identificado los niveles de soporte y resistencia, el trader debe esperar a que el precio se corrija en contra de la tendencia predominante y se acerque a uno de estos niveles.

Abrir una posición en la dirección de la tendencia: Si se confirma que la tendencia predominante se reanudará, el trader puede abrir una posición en la dirección de la tendencia. Por ejemplo, si la tendencia predominante es alcista, el trader puede abrir una posición larga (compra) una vez que se ha confirmado que el precio ha rebotado en un nivel de soporte.

Establecer un stop loss: Para gestionar el riesgo, el trader debe establecer un stop loss ajustado a la volatilidad del activo en cuestión. Este stop loss debe ser colocado justo por debajo del nivel de soporte o resistencia que ha sido identificado.

Establecer un objetivo de beneficios: El trader debe establecer un objetivo de beneficios que sea realista y adecuado a la volatilidad del activo en cuestión.

Gestionar la posición: Una vez que se ha abierto la posición, el trader debe gestionarla y ajustar el stop loss y el objetivo de beneficios según cambien las condiciones del mercado. Además, el trader debe estar preparado para cerrar la posición rápidamente si el precio se mueve en su contra.

Es importante destacar que el Scalping es una estrategia que requiere un alto grado de disciplina, paciencia y concentración. Además, el trader debe estar preparado para asumir una alta tasa de operaciones perdidas y debe tener una gestión de riesgo adecuada para evitar grandes pérdidas.

Day trading: Esta estrategia implica abrir y cerrar posiciones en el mismo día. Los day traders buscan aprovechar las fluctuaciones del mercado durante el día, pero cierran todas sus posiciones antes de que cierre el mercado.

El day trading es una estrategia de corto plazo en la que las operaciones se abren y cierran en el mismo día de negociación. A continuación, se presenta una estrategia sencilla de day trading:

Selecciona un mercado: Escoge un mercado en el que te sientas cómodo y que tenga una alta liquidez. Algunos ejemplos incluyen el mercado de divisas (Forex), el mercado de valores, el mercado de futuros, etc.

Identifica la tendencia: Utiliza el análisis técnico para determinar la tendencia del mercado en el marco de tiempo en el que deseas operar. Esto te ayudará a determinar si debes buscar oportunidades de compra o venta.

Encuentra niveles clave de soporte y resistencia: Utiliza el análisis técnico para identificar niveles clave de soporte y resistencia en el mercado. Estos niveles pueden proporcionar puntos de entrada y salida para tus operaciones.

Utiliza indicadores técnicos: Utiliza indicadores técnicos para confirmar tus decisiones de trading. Algunos ejemplos de indicadores técnicos que puedes utilizar incluyen el RSI, el MACD y las medias móviles.

Define tus puntos de entrada y salida: Utiliza los niveles de soporte y resistencia, así como los indicadores técnicos, para determinar tus puntos de entrada y salida en el mercado.

Establece tus stop loss y take profit: Utiliza una relación riesgo-recompensa adecuada para establecer tus niveles de stop loss y take profit. Esto te ayudará a limitar tus pérdidas y maximizar tus ganancias.

Gestiona tu riesgo: Utiliza una gestión adecuada del riesgo para asegurarte de que no arriesgas demasiado en cada operación. Una buena regla general es no arriesgar más del 2% de tu capital en una sola operación.

Monitorea tus operaciones: Monitorea tus operaciones constantemente para asegurarte de que estás siguiendo tu plan de trading y para hacer ajustes si es necesario.

Recuerda que el day trading es una estrategia de alto riesgo y que requiere una gran cantidad de tiempo y esfuerzo para ser exitosa. Es importante tener un plan de trading sólido y seguirlo de manera consistente para lograr el éxito a largo plazo.

Trading automatizado: Esta estrategia implica el uso de algoritmos y sistemas de trading automatizados para tomar decisiones de trading. Los traders pueden programar estos sistemas para que realicen operaciones automáticamente basadas en reglas predefinidas.

Una estrategia sencilla de trading automatizado podría ser la siguiente:

Define tu objetivo: Antes de comenzar, debes definir claramente tu objetivo de inversión. Esto puede incluir tu tolerancia al riesgo, tus objetivos de ganancias, tus horizontes de inversión, etc.

Selecciona una plataforma de trading: Hay muchas plataformas de trading automatizado disponibles, algunas de las cuales ofrecen herramientas de backtesting y optimización de estrategias.

Crea una estrategia de trading: Crea una estrategia de trading basada en indicadores técnicos, patrones de precios, análisis de noticias, etc. Desarrolla reglas claras y objetivas para tomar decisiones de trading. También debes definir los niveles de stop loss y take profit.

Programa tu estrategia: Utiliza el lenguaje de programación de la plataforma para codificar tu estrategia. Asegúrate de que se pueda ejecutar de manera eficiente y que sea fácil de entender.

Prueba y optimiza tu estrategia: Utiliza las herramientas de backtesting y optimización de la plataforma para probar y ajustar tu estrategia. Asegúrate de que funcione bien en diferentes mercados y condiciones de mercado.

Configura tu plataforma de trading: Configura tu plataforma de trading para que ejecute tu estrategia automáticamente. Asegúrate de que esté conectada a tu cuenta de trading y que esté correctamente configurada.

Monitorea y ajusta tu estrategia: Monitorea tu estrategia de trading regularmente para asegurarte de que está funcionando correctamente. Ajusta tu estrategia si es necesario para adaptarse a los cambios en el mercado o a las nuevas condiciones de mercado.

Recuerda que la automatización del trading no garantiza ganancias. Es importante tener una estrategia sólida y seguir monitoreando y ajustando tu estrategia de manera consistente para lograr el éxito a largo plazo. Además, asegúrate de que la plataforma que selecciones sea segura y confiable antes de comenzar a utilizarla.

Trading de ruptura: Esta estrategia implica la identificación de niveles clave de soporte y resistencia y la apertura de una posición cuando el precio rompe uno de estos niveles.

Una estrategia sencilla de trading de ruptura podría ser la siguiente:

Identifica una zona de consolidación: Busca un mercado que haya estado consolidándose en un rango de precios durante un período de tiempo. Esta consolidación se verá como una zona de congestión en el gráfico, con los precios oscilando dentro de un rango.

Establece los niveles de soporte y resistencia: Una vez que hayas identificado la zona de consolidación, establece los niveles de soporte y resistencia. El nivel de soporte se encuentra en la parte inferior de la zona de congestión, mientras que el nivel de resistencia se encuentra en la parte superior.

Espera la ruptura: Espera a que el precio rompa por encima del nivel de resistencia o por debajo del nivel de soporte. Una ruptura por encima del nivel de resistencia es una señal alcista, mientras que una ruptura por debajo del nivel de soporte es una señal bajista.

Confirma la ruptura: Es importante esperar a que la ruptura se confirme antes de entrar en una posición. Una vez que el precio haya roto el nivel de soporte o resistencia, espera a que el precio se mueva en la misma dirección durante al menos un período de tiempo especificado antes de tomar una posición.

Establece una orden de entrada: Establece una orden de entrada para abrir una posición larga si el precio rompe el nivel de resistencia o una orden de entrada para abrir una posición corta si el precio rompe el nivel de soporte. Un

Toma ganancias: Establece un objetivo de ganancias basado en la distancia entre los niveles de soporte y resistencia. Una vez que el precio alcance tu objetivo de ganancias, cierra la posición.

Recuerda que la estrategia de trading de ruptura no garantiza ganancias y siempre existe el riesgo de pérdida. Es importante utilizar una gestión de riesgos adecuada, incluyendo la configuración de un stop loss y un objetivo de ganancias. Además, es importante realizar un análisis adicional antes de tomar una posición, como la confirmación de la ruptura mediante la revisión de indicadores técnicos o el análisis de noticias relevantes.

Trading de tendencia: Esta estrategia implica seguir la dirección de la tendencia predominante en el mercado y abrir posiciones en la misma dirección.

Una estrategia sencilla de trading de tendencia podría ser la siguiente:

Identifica la tendencia: Busca un mercado que muestre una tendencia alcista o bajista clara. Una tendencia alcista se caracteriza por máximos y mínimos crecientes, mientras que una tendencia bajista se caracteriza por máximos y mínimos decrecientes.

Espera una corrección: Una vez que hayas identificado la tendencia, espera a que se produzca una corrección. Una corrección es una pequeña reversión en la dirección de la tendencia. Si la tendencia es alcista, la corrección será una disminución en los precios, y si la tendencia es bajista, la corrección será un aumento en los precios.

Confirma la corrección: Es importante esperar a que la corrección se confirme antes de tomar una posición. Una vez que la corrección haya terminado, espera a que el precio se mueva en la misma dirección que la tendencia antes de tomar una posición.

Establece una orden de entrada: Establece una orden de entrada para abrir una posición larga si la tendencia es alcista o una orden de entrada para abrir una posición corta si la tendencia es bajista. Un

Toma ganancias: Establece un objetivo de ganancias basado en la fuerza de la tendencia y la distancia entre los máximos y mínimos recientes. Una vez que el precio alcance tu objetivo de ganancias, cierra la posición.

Recuerda que la estrategia de trading de tendencia no garantiza ganancias y siempre existe el riesgo de pérdida. Es importante utilizar una gestión de riesgos adecuada, incluyendo la configuración de un stop loss y un objetivo de ganancias. Además, es importante realizar un análisis adicional antes de tomar una posición, como la revisión de indicadores técnicos o el análisis de noticias relevantes que puedan afectar la tendencia.

Es importante destacar que no hay una estrategia de trading perfecta y que lo que funciona para un trader puede no funcionar para otro. Cada trader debe encontrar la estrategia que mejor se adapte a su estilo de trading, objetivos y personalidad. Además, es importante tener en cuenta que las estrategias de trading deben ser ajustadas y adaptadas a medida que cambian las condiciones del mercado y del entorno económico.

Tactica*

" Existen muchas estrategias hoy en dia ,es tuya la eleccion investiga busca y cuando encuentres alguna que quieras probar, hazla tuya configurala a tu gusto y no la dejes abandonada de la noche a la mañana pruebala durante un tiempo. Recuerda no hacen falta tantos indicadores "menos es mas."

Capítulo 8: Indicadores Técnicos - Herramientas para el Análisis del Mercado

Los indicadores técnicos son herramientas utilizadas por los traders para analizar el mercado y tomar decisiones de trading. Estos indicadores son cálculos matemáticos basados en los precios y/o volúmenes de un activo financiero, que se representan en forma gráfica y se utilizan para identificar patrones, tendencias, niveles de soporte y resistencia, y señales de compra y venta.

Hay una gran variedad de indicadores técnicos, y cada uno tiene su propia fórmula y método de cálculo. Algunos de los indicadores técnicos más comunes incluyen:

Medias móviles: Calculan el precio promedio de un activo financiero durante un período de tiempo determinado, lo que ayuda a suavizar las fluctuaciones en el precio y a identificar la dirección de la tendencia.

Osciladores: Miden la fuerza y el impulso del precio de un activo financiero y ayudan a identificar los puntos de sobrecompra y sobreventa.

Bandas de Bollinger: Son un indicador que utiliza una banda superior e inferior alrededor del precio para ayudar a identificar niveles de soporte y resistencia y la volatilidad del mercado.

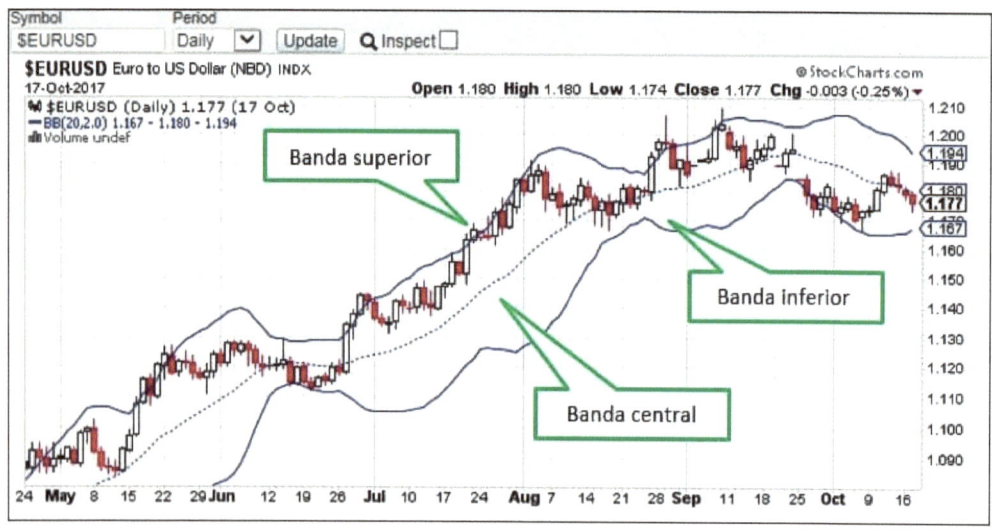

MACD: El MACD (Moving Average Convergence Divergence) compara dos medias móviles y ayuda a identificar cambios en la dirección de la tendencia y los puntos de entrada y salida del mercado.

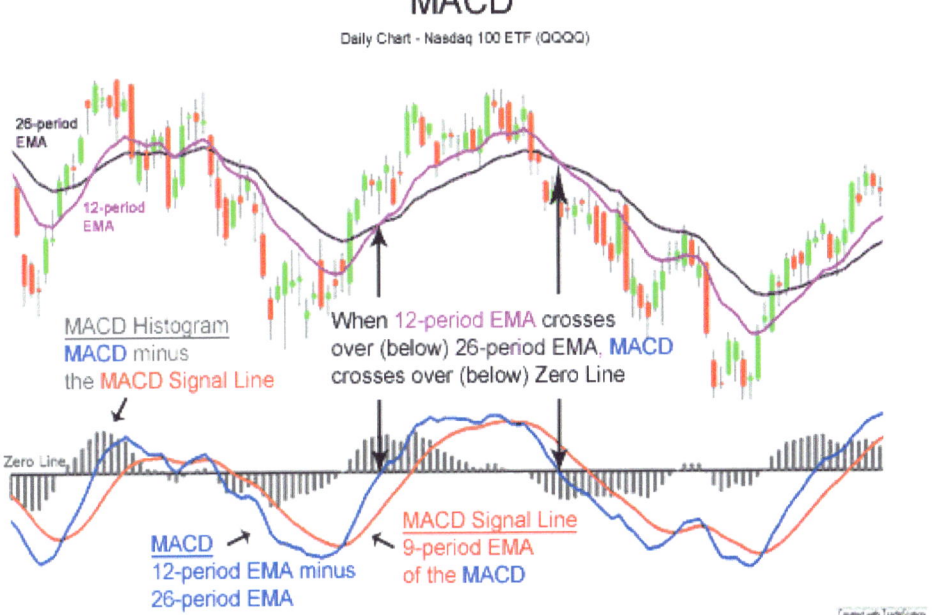

RSI: El RSI (Relative Strength Index) mide la fuerza relativa de la tendencia y ayuda a identificar los puntos de sobrecompra y sobreventa.

Las herramientas más importantes para el análisis del mercado incluyen:

Gráficos de precios: los gráficos proporcionan una visualización histórica de los movimientos de precios de un activo, lo que permite al analista identificar patrones y tendencias.

Indicadores técnicos: los indicadores técnicos son fórmulas matemáticas aplicadas a los precios y otros datos del mercado para identificar patrones y tendencias.

Análisis fundamental: el análisis fundamental implica la evaluación de los factores económicos, financieros y empresariales que afectan el valor de un activo.

Análisis de noticias: el análisis de noticias implica la evaluación de noticias y eventos relevantes para un activo o mercado en particular y su impacto potencial en el precio.

Análisis de la competencia: el análisis de la competencia implica la evaluación de los competidores de una empresa y su impacto en el valor de la empresa.

Análisis de volumen: el análisis de volumen implica el estudio del volumen de negociación de un activo para identificar patrones y tendencias.

Análisis técnico de patrones de velas: los patrones de velas son formaciones específicas que aparecen en los gráficos de precios y pueden proporcionar señales para los movimientos futuros del precio.

Análisis de correlaciones: el análisis de correlaciones implica la evaluación de la relación entre diferentes activos y su impacto en el precio de un activo en particular.

Todas estas herramientas pueden ser utilizadas individualmente o combinadas para proporcionar una visión más completa del mercado y de un activo en particular.

Es importante destacar que los indicadores técnicos no siempre aciertan en sus predicciones, por lo que es importante utilizarlos en conjunto con otras herramientas de análisis técnico y fundamental, así como también aplicar una gestión adecuada del riesgo. Además, los indicadores técnicos pueden variar en su eficacia dependiendo de las condiciones del mercado y el marco temporal utilizado, por lo que es importante experimentar con diferentes combinaciones de indicadores y períodos de tiempo para encontrar la estrategia adecuada.

Capítulo 9: Patrones de Gráficos - Identificando Patrones de Trading

Existen varios tipos de patrones de gráficos que se utilizan en el análisis técnico. Un

Patrones de continuidad: Los patrones de continuidad son una serie de patrones de gráficos utilizados en el análisis técnico para indicar una pausa en la tendencia actual del mercado antes de que se reanude la dirección original de la tendencia. A diferencia de los patrones de inversión, que indican un cambio de tendencia, los patrones de continuidad sugieren que la tendencia actual continuará después de una pausa temporal.

Los patrones de continuidad más comunes son:

Triángulos: Los triángulos son patrones de gráficos que se forman cuando los precios de un activo se mueven en un rango cada vez más estrecho. Hay dos tipos de triángulos: ascendentes y descendentes. Un triángulo ascendente se forma cuando el precio del activo se mueve en un rango cada vez más estrecho, pero con un nivel de soporte que se mantiene constante o sube. Un triángulo descendente se forma cuando el precio del activo se mueve en un rango cada vez más estrecho, pero con un nivel de resistencia que se mantiene constante o baja.

Triangulo alcista

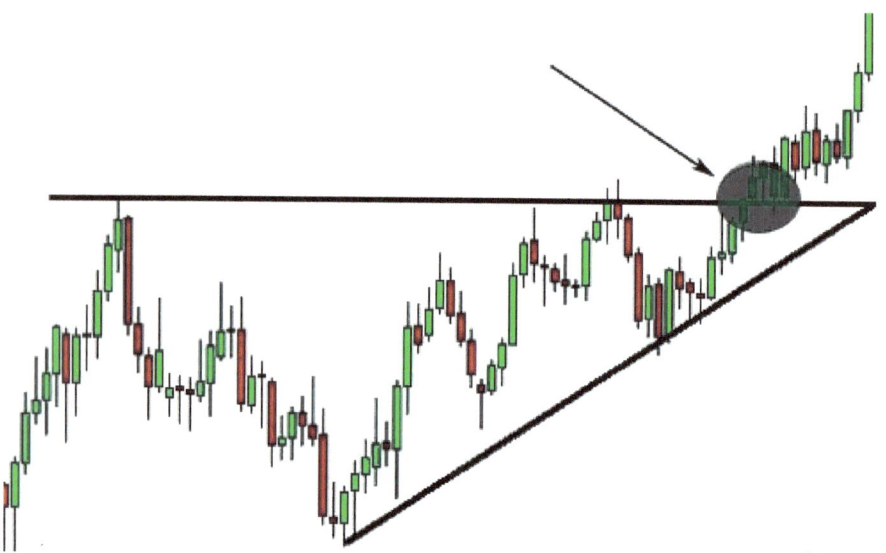

Triangulo bajista

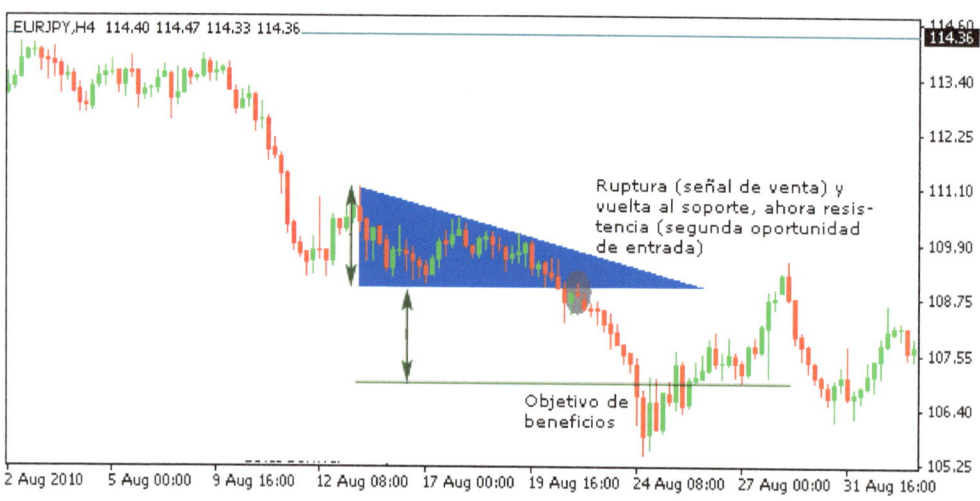

Bandera y banderín: La bandera y el banderín son patrones de gráficos que se forman después de una fuerte subida o bajada en los precios de un activo. La bandera es un patrón que se forma cuando el precio del activo se mueve en un rango estrecho, en forma de un rectángulo o cuadrado, después de una fuerte subida o bajada. El banderín es similar a la bandera, pero se forma en una tendencia alcista.

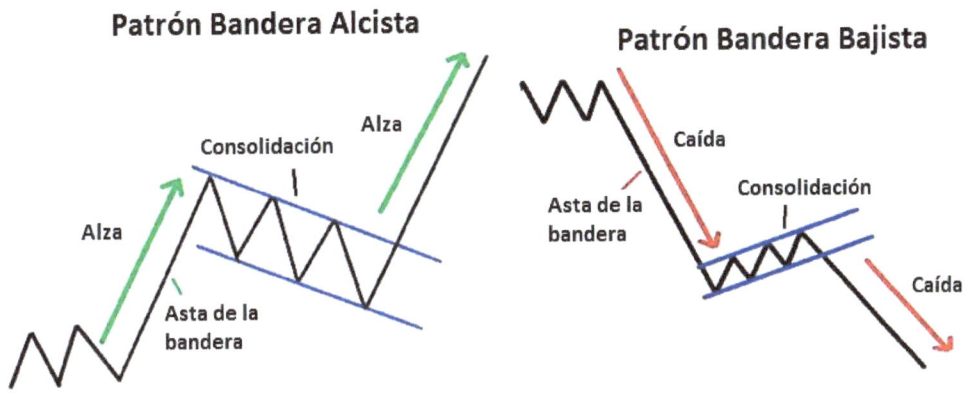

Rectángulos: Un rectángulo es un patrón de gráficos que se forma cuando los precios de un activo se mueven en un rango estrecho durante un período prolongado de tiempo. Los rectángulos pueden ser patrones de continuación o de reversión, dependiendo de la dirección de la tendencia anterior.

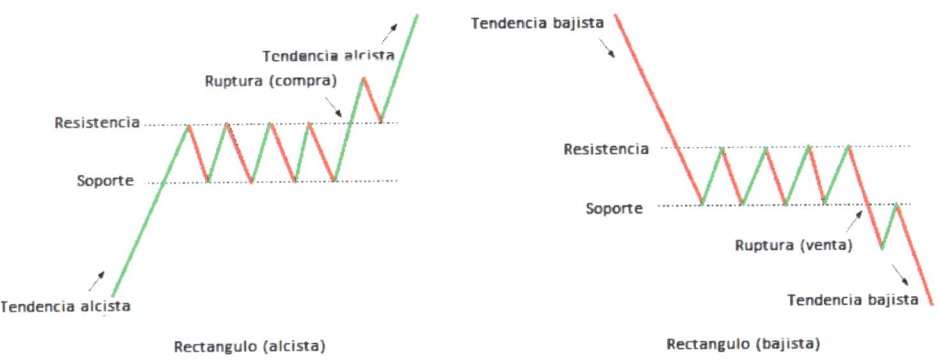

Estos patrones de continuidad pueden ser muy útiles para los operadores que buscan identificar oportunidades de compra o venta durante una tendencia alcista o bajista. Sin embargo, es importante tener en cuenta que los patrones de continuidad no son infalibles y pueden dar lugar a señales falsas. Por lo tanto, es importante utilizarlos en conjunto con otras herramientas de análisis técnico para tomar decisiones de trading informadas.

Patrones de inversión: Los patrones de inversión son formaciones de precios en los gráficos que indican un cambio en la dirección del mercado. Estos patrones son ampliamente utilizados por los analistas técnicos para identificar oportunidades de compra o venta en el mercado.

Algunos de los patrones de inversión más comunes incluyen:

Doble techo: un patrón de reversión bajista que se forma cuando el precio alcanza un nivel máximo dos veces y no puede superarlo.

Doble suelo: un patrón de reversión alcista que se forma cuando el precio alcanza un nivel mínimo dos veces y no puede caer más.

Hombro-cabeza-hombro: un patrón de reversión bajista que se forma cuando el precio alcanza un nivel máximo (el primer hombro), luego cae y luego alcanza un nivel aún mayor (la cabeza), y luego cae de nuevo a un nivel similar al primer hombro (el segundo hombro).

Hombro-cabeza-hombro invertido

Estos son solo algunos de los patrones de inversión más comunes, y es importante tener en cuenta que ningún patrón es infalible y siempre debe confirmarse con otros indicadores técnicos y análisis fundamental antes de tomar una decisión de inversión.

Patrones de cambio de tendencia: Los patrones de cambio de tendencia son formaciones de precios en los gráficos que indican un posible cambio en la dirección de la tendencia actual del mercado. Estos patrones pueden ser alcistas o bajistas, y se utilizan para detectar un posible cambio en la dirección del precio y, por lo tanto, una posible oportunidad de compra o venta.

Los patrones de cambio de tendencia se dividen en dos categorías principales: patrones de reversión y patrones de continuación. Los patrones de reversión indican un posible cambio en la dirección de la tendencia actual, mientras que los patrones de continuación indican una pausa temporal en la tendencia actual antes de que se reanude.

Algunos ejemplos de patrones de cambio de tendencia incluyen:

Inversión de martillo: un patrón de reversión alcista que se forma cuando el precio cae durante la sesión, pero luego se recupera para cerrar cerca del precio de apertura.

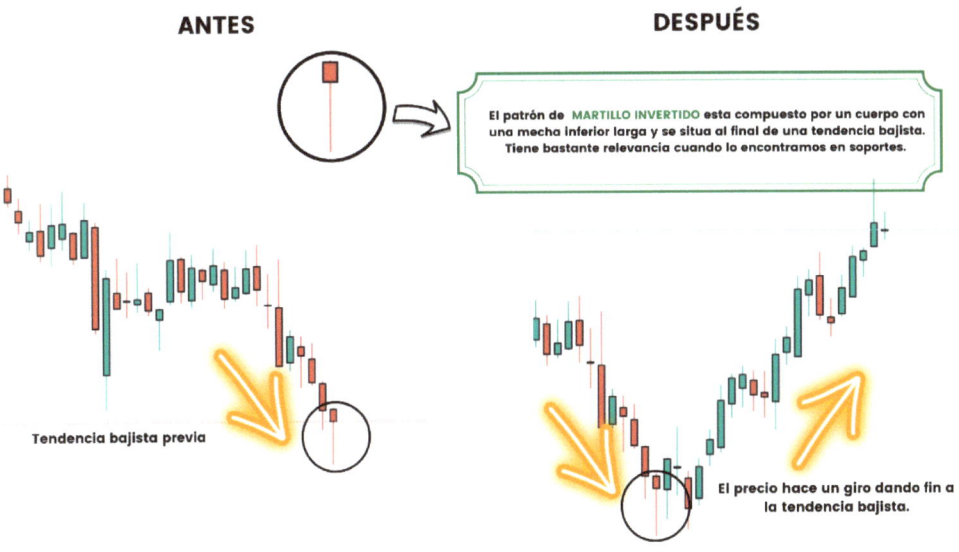

Es importante tener en cuenta que los patrones de cambio de tendencia no son garantías de que el mercado cambiará de dirección. Por lo tanto, es necesario combinarlos con otros indicadores técnicos y fundamentales para tomar decisiones informadas de inversión.

Patrones de consolidación:

Los patrones de consolidación son patrones de gráficos que se forman cuando el precio del activo se encuentra en un rango estrecho y se negocia en un área limitada durante un período de tiempo prolongado. A menudo se conocen como patrones de rectángulo debido a su forma gráfica, que se asemeja a un rectángulo.

Durante el período de consolidación, el precio del activo está atrapado entre un nivel de soporte y un nivel de resistencia, y no se mueve significativamente en ninguna dirección. Estos niveles pueden ser horizontales o inclinados, pero lo importante es que el precio no rompa fuera del rango establecido.

Los patrones de consolidación pueden ser patrones de continuación o patrones de cambio de tendencia. Un patrón de consolidación como un triángulo simétrico o un patrón de bandera se considera un patrón de continuación, ya que generalmente indica que el precio del activo seguirá moviéndose en la misma dirección que antes de la consolidación. Por otro lado, un patrón de consolidación como un rectángulo o un diamante se considera un patrón de cambio de tendencia, ya que a menudo indica una inversión de la tendencia actual del precio del activo.

Patron de diamante:

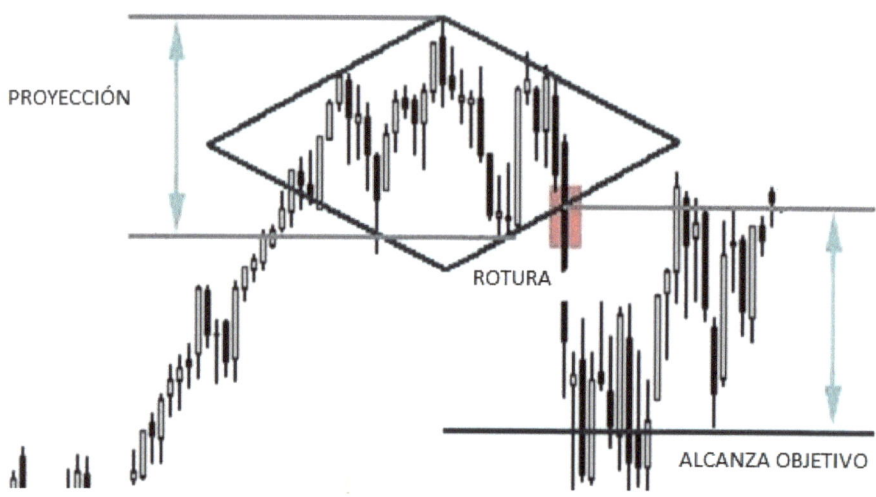

Los patrones de consolidación pueden ser útiles para los traders, ya que pueden indicar un período de indecisión en el mercado y una posible oportunidad de entrada cuando el precio rompe fuera del rango establecido. Los traders también pueden usar los niveles de soporte y resistencia de la consolidación como puntos de referencia para establecer stop loss y tomar ganancias.

Capítulo 10: Estrategias de Análisis Fundamental - Herramientas para el Análisis del Mercado

Las estrategias de análisis fundamental se basan en el estudio de los factores fundamentales que afectan el valor de un activo financiero, como las ganancias de la empresa, las políticas económicas y monetarias, las condiciones del mercado y la industria, y otros factores macroeconómicos. El objetivo del análisis fundamental es determinar el valor intrínseco del activo y si está subvalorado o sobrevalorado en el mercado.

Análisis de la empresa: Esta estrategia se enfoca en la evaluación de la empresa, incluyendo sus finanzas, estructura de costos, competencia, y capacidad de generar beneficios a largo plazo. Los analistas fundamentales que emplean esta estrategia pueden analizar los estados financieros de la empresa, como su balance general y su estado de resultados, y compararlos con los de otras empresas similares en la industria.

Análisis macroeconómico: Esta estrategia se enfoca en el análisis de los factores macroeconómicos que afectan a los mercados financieros, como las políticas económicas y monetarias, las tasas de interés, la inflación, y otros factores relacionados con la economía. Los analistas fundamentales que emplean esta estrategia pueden estudiar los informes económicos de los bancos centrales y las instituciones gubernamentales, y realizar proyecciones sobre el desempeño futuro de la economía y su impacto en los mercados financieros.

Análisis de la industria: Esta estrategia se enfoca en el análisis de la industria en la que opera la empresa, incluyendo la competencia, los ciclos económicos, las barreras de entrada y salida, y otros factores que pueden afectar su desempeño. Los analistas fundamentales que emplean esta estrategia pueden estudiar los informes de investigación de la industria, y comparar el desempeño de la empresa con el de otras empresas en la misma industria.

Análisis del valor: Esta estrategia se enfoca en la evaluación del valor intrínseco de un activo financiero, y se basa en la idea de que el precio de un activo debería reflejar su valor real a largo plazo. Los analistas fundamentales que emplean esta estrategia pueden emplear técnicas de valoración, como el análisis de flujo de caja descontado (DCF, por sus siglas en inglés), el análisis comparativo de empresas similares en la industria, o el análisis de múltiplos de ganancias.

En resumen, las estrategias de análisis fundamental buscan identificar oportunidades de inversión en base al estudio detallado de los factores fundamentales que afectan el valor de los activos financieros.

Herramientas para el analisis tecnico:

Existen diversas herramientas que pueden ser utilizadas para el análisis del mercado financiero. Algunas de las más comunes son las siguientes:

Análisis técnico: Esta herramienta se basa en el estudio del comportamiento histórico del mercado, con el objetivo de predecir su futuro rendimiento. El análisis técnico utiliza gráficos y otros indicadores para identificar patrones y tendencias en el mercado.

Análisis fundamental: Ya hemos hablado de esta herramienta en la pregunta anterior. El análisis fundamental se basa en el estudio de la salud financiera de una empresa, sector o economía en general, con el objetivo de hacer predicciones sobre su futuro rendimiento.

Ratios financieros: Los ratios financieros son indicadores que permiten comparar diferentes aspectos de la salud financiera de una empresa, como su liquidez, solvencia y rentabilidad. Algunos de los ratios más comunes son el ratio de endeudamiento, el ratio de liquidez y el ratio de rentabilidad.

Análisis DAFO: El análisis DAFO (Fortalezas, Debilidades, Oportunidades y Amenazas) es una herramienta que se utiliza para evaluar la posición competitiva de una empresa en el mercado. Este análisis se centra en identificar los puntos fuertes y débiles de la empresa, así como las oportunidades y amenazas del entorno empresarial.

Análisis de la competencia: Esta herramienta se utiliza para evaluar la posición competitiva de una empresa en el mercado en comparación con sus competidores directos. El análisis de la competencia se centra en la identificación de las fortalezas y debilidades de los competidores, así como en la evaluación de su estrategia de mercado.

Análisis de tendencias: Esta herramienta se utiliza para identificar tendencias en el mercado, con el objetivo de predecir su futuro rendimiento. El análisis de tendencias se basa en el estudio de datos históricos y en la identificación de patrones y tendencias en el mercado.

Análisis PESTEL: El análisis PESTEL se utiliza para evaluar los factores macroeconómicos que pueden afectar el rendimiento de una empresa o sector. Este análisis se centra en los factores políticos, económicos, sociales, tecnológicos, ambientales y legales que pueden afectar el entorno empresarial.

En resumen, existen diversas herramientas que pueden ser utilizadas para el análisis del mercado financiero, como el análisis técnico, el análisis fundamental, los ratios financieros, el análisis DAFO, el análisis de la competencia, el análisis de tendencias y el análisis PESTEL. Cada herramienta ofrece una perspectiva diferente sobre el mercado, y su uso conjunto puede proporcionar una visión más completa del rendimiento del mercado.

Capítulo 11: Sistemas de Trading - Creando Sistemas Automatizados

Sistemas de Trading:

Existen muchos sistemas de trading diferentes, cada uno con sus propias características y enfoques. A continuación, se presentan algunos de los sistemas de trading más comunes:

Sistema de trading de tendencia: Este sistema se basa en identificar una tendencia en el mercado y buscar oportunidades para entrar en una posición en la misma dirección que la tendencia. El objetivo es aprovechar las tendencias alcistas o bajistas del mercado para obtener ganancias.

Sistema de trading de contra tendencia: A diferencia del sistema de trading de tendencia, este sistema busca oportunidades para entrar en una posición en contra de la tendencia actual del mercado. El objetivo es identificar los puntos de inversión de tendencia y obtener ganancias al operar en el sentido opuesto de la tendencia.

Sistema de trading de ruptura: Este sistema se basa en identificar niveles clave de soporte y resistencia en el mercado y buscar oportunidades para entrar en una posición cuando el precio rompe estos niveles. El objetivo es aprovechar la volatilidad del mercado y obtener ganancias cuando el precio se mueve en una dirección clara después de una ruptura.

Sistema de trading de reversión a la media: Este sistema se basa en la idea de que los precios tienden a regresar a su media histórica después de alejarse de ella. El objetivo es identificar cuando un precio se aleja demasiado de su media histórica y buscar oportunidades para entrar en una posición en la dirección opuesta, apostando por un retorno del precio a su media histórica.

Sistema de trading de seguimiento de momentum: Este sistema se basa en la idea de que los precios tienden a seguir una tendencia de impulso después de un movimiento importante. El objetivo es identificar estos movimientos de impulso y buscar oportunidades para entrar en una posición en la misma dirección del impulso, buscando obtener ganancias de la continuación del impulso.

Es importante tener en cuenta que cada sistema de trading tiene sus propias ventajas y desventajas, y no existe un sistema que sea mejor que todos los demás en todas las situaciones. Es importante que los traders encuentren el sistema de trading que mejor se adapte a su estilo de trading y sus objetivos personales.

Sistemas Automatizados:

La creación de sistemas automatizados de trading puede ser una tarea compleja que involucra varias etapas y habilidades técnicas. Sin embargo, a grandes rasgos, los pasos principales para crear un sistema automatizado son los siguientes:

Definir la estrategia de trading: La primera etapa en la creación de un sistema automatizado es definir la estrategia de trading que se utilizará. Esto incluye decidir qué instrumentos financieros se operarán, qué marco de tiempo se utilizará, qué indicadores técnicos se utilizarán, qué reglas de entrada y salida se seguirán, entre otros factores.

Escribir el código del sistema: Una vez que se ha definido la estrategia de trading, se debe escribir el código del sistema automatizado. Esto puede ser un proceso complejo que requiere habilidades técnicas en programación. El código debe ser capaz de tomar decisiones de trading basadas en la estrategia definida y ejecutar las órdenes correspondientes.

Probar el sistema: Antes de poner en marcha el sistema automatizado en una cuenta real, es importante realizar pruebas exhaustivas para asegurarse de que funcione correctamente. Esto implica probar el sistema en diferentes condiciones de mercado y verificar que cumple con los criterios de entrada y salida definidos.

Optimizar el sistema: Después de probar el sistema, es posible que sea necesario realizar ajustes para mejorar su desempeño. Esto puede implicar ajustar los parámetros de los indicadores técnicos utilizados o las reglas de entrada y salida.

Implementar el sistema: Finalmente, una vez que el sistema ha sido probado y optimizado, se puede implementar en una cuenta de trading real. Es importante monitorear el desempeño del sistema de manera regular para asegurarse de que sigue funcionando correctamente y realizar ajustes si es necesario.

Es importante destacar que la creación de sistemas automatizados de trading puede ser una tarea compleja que requiere conocimientos técnicos y experiencia en trading. Por lo tanto, es recomendable buscar asesoría y apoyo de profesionales capacitados en el tema.

Capítulo 12: Trading con Derivados - Opciones, Futuros y Criptomonedas

En este capítulo, exploraremos el mundo del trading con derivados, específicamente opciones y futuros. Aprenderemos cómo funcionan estos instrumentos financieros, sus usos y los riesgos asociados con ellos.

12.1 Introducción a los derivados

Los derivados son instrumentos financieros cuyo valor se deriva del valor de otro activo, como acciones, índices bursátiles, divisas, materias primas, entre otros. Los derivados se utilizan comúnmente para la cobertura de riesgos o para fines especulativos.

12.2 Trading con opciones

Las opciones son un tipo de derivado que otorga al comprador el derecho, pero no la obligación, de comprar o vender un activo subyacente a un precio determinado en una fecha específica. Hay dos tipos de opciones: opciones de compra (call) y opciones de venta (put).

Opciones de compra (call): las opciones de compra dan al comprador el derecho de comprar un activo subyacente a un precio determinado en una fecha específica.

Opciones de venta (put): las opciones de venta dan al comprador el derecho de vender un activo subyacente a un precio determinado en una fecha específica.

Las opciones pueden ser utilizadas para fines de cobertura o para especulación. Los traders que buscan cobertura pueden utilizar opciones para protegerse contra posibles pérdidas, mientras que los traders que buscan especular pueden utilizar opciones para obtener ganancias en el mercado.

12.3 Trading con futuros

Los futuros son otro tipo de derivado que involucra la compra o venta de un activo subyacente a un precio determinado en una fecha específica. Los futuros se utilizan comúnmente para la cobertura de riesgos o para fines especulativos.

A diferencia de las opciones, los futuros son contratos vinculantes y ambas partes tienen la obligación de cumplir con los términos del contrato. Los futuros se negocian en bolsas de futuros y se utilizan comúnmente para la negociación de materias primas como petróleo, gas, oro, plata, entre otros.

12.4 Otros tipos de derivados

Además de opciones y futuros, hay otros tipos de derivados, como swaps, forwards, y warrants. Los swaps son contratos en los que dos partes acuerdan intercambiar flujos de efectivo en diferentes monedas o instrumentos financieros. Los forwards son contratos similares a los futuros, pero se negocian de manera privada entre dos partes. Los warrants son contratos que dan al comprador el derecho, pero no la obligación, de comprar un activo subyacente a un precio determinado en una fecha específica.

12.5 Riesgos asociados con el trading de derivados

El trading de derivados conlleva riesgos significativos, especialmente para los traders que no comprenden completamente cómo funcionan estos instrumentos financieros. Algunos de los riesgos más comunes incluyen la volatilidad del mercado, la falta de liquidez, el apalancamiento, y la posibilidad de perder todo el capital invertido.

12.6 Criptomonedas

Las criptomonedas son monedas digitales que utilizan criptografía para asegurar y verificar transacciones, y para controlar la creación de nuevas unidades. A diferencia de las monedas fiduciarias emitidas por los gobiernos, las criptomonedas no están respaldadas por un gobierno o una entidad central.

Las criptomonedas se basan en la tecnología de blockchain, que es una base de datos distribuida y descentralizada que registra todas las transacciones realizadas en la red. Cada transacción es verificada y validada por los nodos de la red, lo que garantiza la seguridad y la transparencia del sistema.

Las criptomonedas se pueden utilizar para comprar bienes y servicios en línea, para enviar dinero a otros usuarios en todo el mundo, y para realizar inversiones. Debido a que las criptomonedas no están controladas por un gobierno o una entidad central, su valor puede fluctuar significativamente en un corto período de tiempo y pueden ser consideradas como un activo de alto riesgo.

En resumen, las criptomonedas son monedas digitales que utilizan criptografía para asegurar y verificar transacciones y funcionan independientemente del sistema bancario tradicional. Están basadas en la tecnología blockchain y son consideradas como un activo de alto riesgo debido a su volatilidad en el mercado.

12.7 Conclusión

Los derivados, incluyendo opciones y futuros, son herramientas valiosas para el trading, la inversión y la gestión de riesgos. Sin embargo, es importante comprender completamente cómo funcionan estos instrumentos

Capítulo 13: Trading Automatizado - Cómo Crear un Robot de Trading

El trading automatizado, también conocido como trading algorítmico, es una forma de operar en los mercados financieros utilizando programas informáticos que siguen un conjunto de reglas predefinidas. Estos programas, también conocidos como robots de trading, pueden analizar grandes cantidades de datos en tiempo real y tomar decisiones de trading sin la intervención humana.

En este capítulo, exploraremos cómo crear un robot de trading paso a paso. Si bien no es necesario ser un experto en programación para crear un robot de trading, sí es importante tener un conocimiento sólido de los mercados financieros y de los indicadores técnicos que se utilizarán para generar señales de trading.

En primer lugar, es necesario definir las reglas de trading que el robot seguirá. Estas reglas pueden basarse en diferentes estrategias de trading, como el análisis técnico o el análisis fundamental. También se pueden utilizar indicadores técnicos específicos para generar señales de entrada y salida en el mercado.

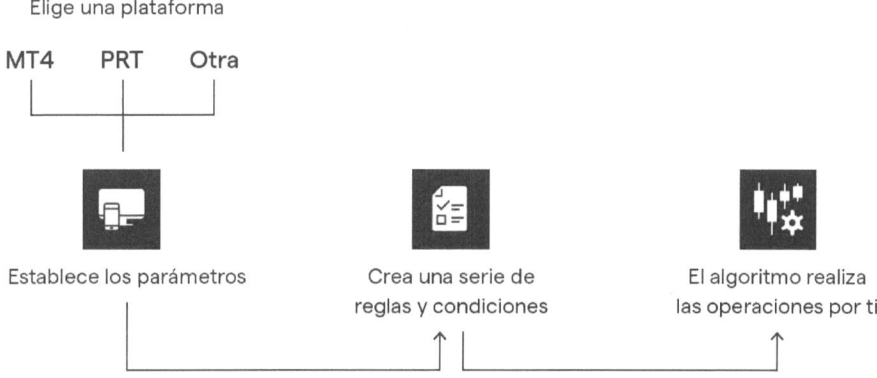

Una vez que se han definido las reglas de trading, es necesario elegir una plataforma de trading que permita la creación de robots de trading. Algunas plataformas populares incluyen MetaTrader y NinjaTrader. Estas plataformas suelen contar con una amplia variedad de herramientas y recursos que facilitan la creación de robots de trading.

A continuación, se debe programar el robot de trading utilizando un lenguaje de programación específico, como MQL para MetaTrader o C# para NinjaTrader. En este proceso, se deben definir las condiciones que activarán las señales de entrada y salida, así como las órdenes que se enviarán al mercado.

Es importante realizar pruebas exhaustivas del robot de trading antes de ponerlo en funcionamiento en una cuenta real. Esto puede hacerse utilizando datos históricos para simular condiciones de mercado reales. Las pruebas deben incluir diferentes escenarios de mercado y períodos de tiempo para garantizar que el robot esté preparado para enfrentar condiciones cambiantes en el mercado.

Una vez que el robot ha sido probado y optimizado, puede ser utilizado en una cuenta real para operar en los mercados financieros. Sin embargo, es importante monitorear el desempeño del robot y realizar ajustes según sea necesario para garantizar que siga siendo efectivo.

En resumen, el trading automatizado ofrece una forma eficiente y efectiva de operar en los mercados financieros utilizando robots de trading que siguen reglas predefinidas. Para crear un robot de trading, se deben definir las reglas de trading, elegir una plataforma de trading, programar el robot de trading, realizar pruebas exhaustivas y ajustar según sea necesario. Con la debida diligencia, el trading automatizado puede ser una herramienta valiosa para cualquier trader serio.

capitulo 14 Trading algorítmico - Cómo Utilizar la Inteligencia Artificial en el Trading

El trading algorítmico ha revolucionado la forma en que se opera en los mercados financieros, permitiendo a los traders tomar decisiones de trading rápidas y precisas. La inteligencia artificial (IA) ha llevado esta revolución un paso más allá, permitiendo que los robots de trading aprendan y mejoren su desempeño a medida que adquieren más datos.

En este capítulo, exploraremos cómo utilizar la inteligencia artificial en el trading y cómo puede mejorar el desempeño de los robots de trading. La IA se puede utilizar para analizar grandes cantidades de datos y encontrar patrones que pueden ser utilizados para generar señales de trading.

Una de las aplicaciones más comunes de la IA en el trading es el aprendizaje automático. El aprendizaje automático es un proceso mediante el cual un algoritmo de trading puede aprender de los datos históricos para mejorar su desempeño en el futuro. Los algoritmos de aprendizaje automático pueden analizar grandes cantidades de datos y encontrar patrones que pueden ser utilizados para tomar decisiones de trading.

Otra aplicación común de la IA en el trading es el procesamiento del lenguaje natural (NLP). El NLP es una rama de la IA que se enfoca en la comprensión del lenguaje humano. En el trading, el NLP se puede utilizar para analizar noticias y otros eventos del mercado y generar señales de trading basadas en esta información.

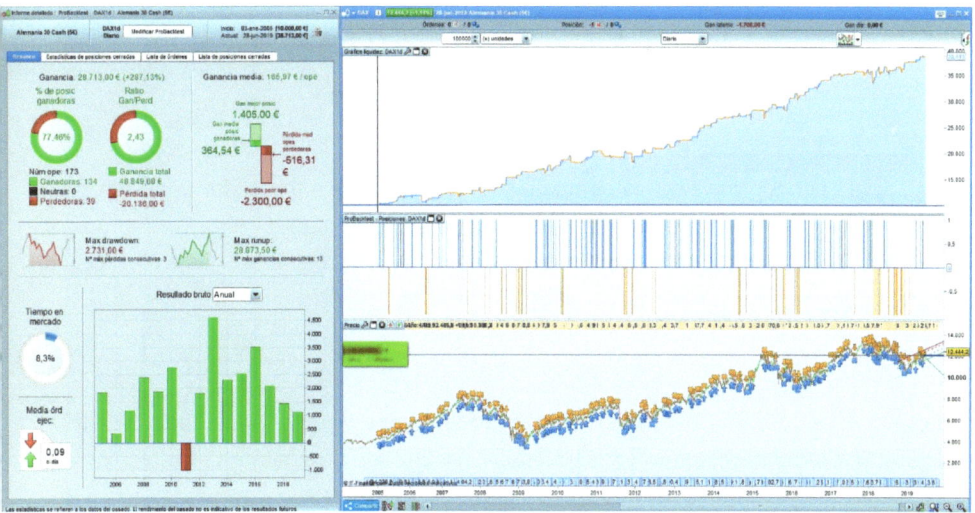

La IA también puede ser utilizada para la detección de fraudes y la gestión del riesgo. Los algoritmos de IA pueden detectar patrones sospechosos en el comportamiento de los traders y alertar a los reguladores y empresas de trading sobre posibles actividades fraudulentas. También pueden ser utilizados para gestionar el riesgo al analizar los patrones de comportamiento de los mercados financieros y ajustar las posiciones de trading en consecuencia.

Sin embargo, es importante tener en cuenta que la IA no es una solución mágica para el trading. Los algoritmos de IA son tan buenos como los datos que se les proporcionan, por lo que es importante utilizar datos de alta calidad y actualizar regularmente los modelos de IA para garantizar que sean precisos y efectivos.

En resumen, la inteligencia artificial ofrece una forma poderosa de mejorar el desempeño de los robots de trading. Los algoritmos de IA pueden analizar grandes cantidades de datos y encontrar patrones que pueden ser utilizados para generar señales de trading y gestionar el riesgo. Sin embargo, es importante recordar que la IA no es una solución mágica para el trading y requiere una cuidadosa consideración y actualización constante para garantizar su efectividad.

Capítulo 15: Trading Social - Cómo Aprovechar la Sabiduría Colectiva en el Trading

El trading social es una forma relativamente nueva de operar en los mercados financieros que ha ganado popularidad en los últimos años. En lugar de depender únicamente de su propio análisis y toma de decisiones, los traders sociales pueden aprovechar la sabiduría colectiva de otros traders para tomar decisiones de trading informadas.

En este capítulo, exploraremos cómo funciona el trading social y cómo puedes aprovecharlo para mejorar tu propio desempeño en el trading. El trading social se basa en plataformas de trading en línea que permiten a los traders compartir información y conocimientos sobre los mercados financieros.

Estas plataformas suelen tener características que permiten a los traders seguir a otros traders y ver sus operaciones en tiempo real. También pueden proporcionar herramientas para analizar y comparar el desempeño de diferentes traders y tomar decisiones informadas basadas en esta información.

Una de las principales ventajas del trading social es que permite a los traders aprender de la experiencia de otros traders y evitar cometer los mismos errores que han cometido otros. También puede ser una fuente de nuevas ideas de trading y estrategias que pueden ser probadas y ajustadas para adaptarse a tus propias necesidades y estilo de trading.

Sin embargo, es importante tener en cuenta que el trading social también tiene sus desventajas. Por ejemplo, la sabiduría colectiva puede ser influenciada por la opinión dominante o por traders con agendas ocultas. También existe el riesgo de seguir ciegamente a otros traders sin hacer tu propio análisis y tomar tus propias decisiones de trading.

Para aprovechar al máximo el trading social, es importante utilizarlo como una herramienta complementaria a tu propio análisis y toma de decisiones. No debes depender únicamente de la sabiduría colectiva para tomar tus decisiones de trading. En cambio, debes utilizar la información y los conocimientos de otros traders para complementar y mejorar tu propio enfoque de trading.

En resumen, el trading social es una forma emocionante y potencialmente rentable de operar en los mercados financieros. Al aprovechar la sabiduría colectiva de otros traders, puedes mejorar tu propio desempeño en el trading y evitar errores comunes. Sin embargo, es importante utilizar el trading social como una herramienta complementaria a tu propio análisis y toma de decisiones y no depender únicamente de la sabiduría colectiva para tomar tus decisiones de trading.

La sabiduría colectiva:

La sabiduría colectiva se refiere a la capacidad de un grupo para tomar decisiones más inteligentes y precisas que cualquier individuo en el grupo podría tomar por sí solo. En el contexto del trading, la sabiduría colectiva se puede utilizar para obtener información y perspectivas valiosas sobre los mercados financieros y las criptomonedas.

A continuación, se presentan algunas formas en que se puede aprovechar la sabiduría colectiva en el trading de criptomonedas:

Redes sociales: Las redes sociales son una fuente importante de información y opinión sobre los mercados financieros y las criptomonedas. Los traders pueden unirse a grupos y comunidades en línea para compartir ideas y discutir las tendencias del mercado.

Análisis de datos: Las plataformas de trading y los sitios web de criptomonedas suelen proporcionar datos y gráficos en tiempo real sobre los precios de las criptomonedas. Los comerciantes

Crowd forecasting: La predicción colectiva o "crowd forecasting" es una técnica que utiliza la sabiduría colectiva para predecir los precios de las criptomonedas. Los traders pueden utilizar sitios web de crowd forecasting para obtener perspectivas y opiniones de otros traders y tomar decisión

Investigación de mercado: Los traders pueden utilizar informes y análisis de mercado de fuentes confiables para obtener información valiosa sobre los mercados financieros y las criptomonedas. Las noticias financieras, los informes de analistas y los estudios de mercado pueden proporcionar

En resumen, la sabiduría colectiva puede ser una herramienta valiosa para los traders de criptomonedas que buscan obtener información y perspectivas adicionales sobre los mercados financieros. Sin embargo, es importante tener en cuenta que la sabiduría colectiva también puede estar sesgada y puede no ser siempre precisa, por lo que se deben tomar decisiones informadas basadas en una amplia gama de fuentes de información.

Capitulo 16 Trading con Criptomonedas

Tecnologia blockchain:

La tecnología blockchain es un registro digital descentralizado que permite almacenar y compartir información de manera segura y transparente. Se trata de una base de datos distribuida en la que se registran transacciones y que es gestionada por una red de nodos interconectados en lugar de por una autoridad central.

En lugar de tener una única copia de los datos almacenados en un servidor centralizado, blockchain tiene múltiples copias idénticas de la base de datos distribuidas en la red. Cada vez que se realiza una transacción en la red, los nodos de la red verifican y validan la transacción antes de ser añadida a un bloque. Una vez que el bloque está lleno, se sella y se agrega a la cadena de bloques, que es inmutable y no puede ser modificada.

La tecnología blockchain se utiliza en la mayoría de las criptomonedas para permitir transacciones seguras y descentralizadas sin la necesidad de intermediarios como bancos o gobiernos. También se está explorando su uso en otros campos, como el seguimiento de la cadena de suministro, la votación electrónica y la gestión de registros médicos.

En resumen, la tecnología blockchain es una forma innovadora de almacenar y compartir información de manera segura y transparente, y tiene el potencial de transformar muchos aspectos de nuestra vida cotidiana.

Trading de criptomonedas:

El trading de criptomonedas es la actividad de compra y venta de criptomonedas en los mercados financieros. Las criptomonedas son activos digitales que utilizan tecnología blockchain y que se negocian en línea, a través de intercambios de criptomonedas.

El trading de criptomonedas se ha vuelto popular debido al aumento del valor de las criptomonedas y al creciente interés en esta nueva clase de activos. Los traders de criptomonedas buscan aprovechar las fluctuaciones del mercado para obtener ganancias a corto plazo mediante la compra y venta de criptomonedas.

Para participar en el trading de criptomonedas, es necesario abrir una cuenta en un intercambio de criptomonedas y depositar fondos en ella. Luego, el trader puede comprar y vender criptomonedas en función de su estrategia de inversión y del análisis del mercado.

Existen diferentes tipos de estrategias de trading de criptomonedas, como el trading a corto plazo (scalping), el trading diario (day trading) y el trading a largo plazo (hold). Cada estrategia tiene sus propias ventajas y desventajas y se adapta a diferentes estilos de inversión.

Es importante tener en cuenta que el trading de criptomonedas implica riesgos significativos debido a la alta volatilidad de los precios de las criptomonedas y a la falta de regulación en algunos mercados. Por lo tanto, es esencial para los traders de criptomonedas deben de hacer un análisis exhaustivo del mercado y utilizar herramientas de gestión de riesgos para minimizar las pérdidas potenciales.

Las criptomonedas más importantes son:

Bitcoin (BTC): Es la criptomoneda más conocida y utilizada en el mundo. Fue creada en 2009 y se basa en la tecnología blockchain.

El proyecto detrás de Bitcoin es un sistema financiero descentralizado y global que permite realizar transacciones en línea de forma segura y privada sin la necesidad de intermediarios como bancos u otras instituciones financieras.

Bitcoin fue creada en 2009 por una persona o grupo de personas bajo el seudónimo de Satoshi Nakamoto. La tecnología subyacente de Bitcoin es la cadena de bloques o "blockchain", que es una base de datos pública descentralizada que almacena y verifica todas las transacciones de Bitcoin.

La idea detrás de Bitcoin es proporcionar un sistema monetario descentralizado que sea seguro, transparente y resistente a la manipulación. La cantidad total de bitcoins que pueden existir está limitada a 21 millones, lo que significa que no se pueden crear más bitcoins una vez que se haya alcanzado ese límite.

Además de la creación de Bitcoin, el proyecto también ha llevado a la creación de otras criptomonedas, cada una con sus propias características y objetivos únicos. La tecnología blockchain subyacente ha demostrado ser útil para muchas aplicaciones más allá de las criptomonedas, como la votación electrónica, la gestión de identidad y la gestión de la cadena de suministro.

Aunque ha habido críticas y preocupaciones en torno a la seguridad y la regulación de las criptomonedas, el proyecto detrás de Bitcoin ha demostrado ser disruptivo y ha generado un gran interés y participación en todo el mundo. Con el tiempo, es posible que la tecnología de criptomonedas y blockchain continúe evolucionando y transformando los sistemas financieros y la forma en que realizamos transacciones en línea.

Ethereum (ETH): Es la segunda criptomoneda más grande por capitalización de mercado. Se utiliza principalmente para construir aplicaciones descentralizadas y contratos inteligentes.

Ethereum es una plataforma blockchain descentralizada y abierta que permite a los desarrolladores crear y ejecutar aplicaciones descentralizadas (dApps) y contratos inteligentes. Fue lanzada en 2015 por el programador ruso-canadiense Vitalik Buterin, con el objetivo de crear una plataforma blockchain que permitiera una mayor flexibilidad y capacidad de programación en comparación con Bitcoin.

El proyecto detrás de Ethereum se basa en el concepto de una "máquina virtual global", que es una red de nodos que ejecutan códigos en un lenguaje de programación llamado Solidity. Los contratos inteligentes en Ethereum son programas informáticos que se ejecutan en la blockchain de Ethereum y que automatizan la transferencia de activos o la ejecución de acuerdos en tiempo real.

La plataforma Ethereum también tiene su propia criptomoneda llamada Ether (ETH), que es utilizada por los desarrolladores para pagar por el uso de la plataforma y para incentivar a los nodos que procesan las transacciones en la blockchain.

Una de las características más interesantes de Ethereum es su capacidad de crear tokens personalizados o "tokens ERC-20" en la red Ethereum. Los tokens ERC-20 son útiles para empresas y proyectos que buscan financiación a través de ICOs (Ofertas Iniciales de Monedas), y les permite crear una criptomoneda personalizada para su proyecto en la plataforma Ethereum.

El proyecto detrás de Ethereum ha sido muy popular y ha impulsado el desarrollo de muchas aplicaciones descentralizadas y contratos inteligentes en una amplia variedad de sectores, como el financiero, el de la salud, el de la energía y el de la logística. Ethereum ha creado un nuevo modelo de plataforma blockchain que permite la creación y la implementación de aplicaciones descentralizadas de manera más fácil y accesible.

Binance Coin (BNB): Es una criptomoneda utilizada para pagar las tarifas en la plataforma de intercambio de criptomonedas Binance.

BNB es la criptomoneda nativa de Binance, una de las plataformas de intercambio de criptomonedas más grandes del mundo. Binance fue fundada en 2017 por Changpeng Zhao y tiene su sede en Malta.

El proyecto detrás de BNB es crear una criptomoneda que tenga múltiples casos de uso dentro de la plataforma de Binance. Binance utiliza BNB para pagar tarifas de negociación en su plataforma, así como para acceder a otros servicios y productos dentro de la plataforma, como las ofertas de descuentos y el lanzamiento de nuevas criptomonedas en la plataforma Launchpad de Binance.

Además de ser una forma de pago dentro de la plataforma Binance, BNB también se puede usar para realizar pagos en otros servicios fuera de la plataforma Binance que aceptan BNB, como tiendas en línea y servicios de viajes.

La criptomoneda BNB es una moneda ERC-20 en la red Ethereum, lo que significa que se puede almacenar en cualquier billetera que sea compatible con tokens ERC-20.

Desde su lanzamiento, BNB ha sido una de las criptomonedas más exitosas y ha experimentado un crecimiento constante en su valor. La popularidad de Binance y la amplia variedad de productos y servicios dentro de su plataforma han impulsado la demanda de BNB. Además, Binance ha introducido una variedad de iniciativas para aumentar la utilidad de BNB, como la integración con tarjetas de débito para facilitar el uso diario de BNB en pagos y transacciones.

En resumen, el proyecto detrás de BNB es crear una criptomoneda que tenga una amplia variedad de casos de uso dentro de la plataforma Binance y fuera de ella, para fomentar la adopción y aumentar su valor.

Tether (USDT): Es una criptomoneda estable que está respaldada por el dólar estadounidense en una proporción de 1:1. Se utiliza principalmente como una forma de mantener la estabilidad en el mercado de criptomonedas.

Tether (USDT) es una criptomoneda estable, es decir, su valor se mantiene estable en relación con una moneda fiduciaria, en este caso, el dólar estadounidense. El proyecto detrás de Tether es crear una criptomoneda que tenga la estabilidad del dólar, pero que también pueda ser utilizada como cualquier otra criptomoneda para realizar transacciones en la red blockchain.

Tether fue lanzado en 2014 por un grupo de desarrolladores con sede en Hong Kong. La idea detrás de Tether es proporcionar una alternativa segura y estable a las criptomonedas volátiles, como Bitcoin, que experimentan grandes fluctuaciones de valor en cortos periodos de tiempo.

Para lograr esto, Tether utiliza una tecnología llamada "tokenización", que es el proceso de convertir una moneda fiduciaria en una criptomoneda. Los usuarios pueden comprar Tether con dólares estadounidenses, euros u otras monedas fiduciarias, y luego pueden usar Tether para realizar transacciones en la red blockchain.

Cada unidad de Tether se respalda por una unidad equivalente de una moneda fiduciaria, en este caso, el dólar estadounidense. Esto significa que los usuarios de Tether pueden estar seguros de que el valor de su inversión no fluctuará tanto como con otras criptomonedas. Además, Tether ofrece una alternativa segura para almacenar fondos en una criptomoneda, en lugar de mantenerlos en una cuenta bancaria tradicional.

Sin embargo, ha habido cierta controversia en torno a Tether en el pasado, ya que algunos han cuestionado si Tether realmente tiene suficientes dólares estadounidenses para respaldar cada unidad de Tether. A pesar de esto, Tether sigue siendo una opción popular para los inversores que buscan estabilidad en el mercado de las criptomonedas.

En resumen, el proyecto detrás de Tether es crear una criptomoneda estable que se pueda usar para transacciones en la red blockchain y que esté respaldada por una moneda fiduciaria, en este caso, el dólar estadounidense. Tether ofrece a los inversores una opción segura y estable para almacenar sus fondos en criptomonedas y para realizar transacciones en la red blockchain.

Cardano (ADA): Es una plataforma de contratos inteligentes que busca ofrecer una mayor seguridad y escalabilidad que otras plataformas similares.

Cardano es una plataforma blockchain de código abierto que fue lanzada en septiembre de 2017 por la empresa Input Output Hong Kong (IOHK). El objetivo de Cardano es crear una plataforma blockchain de tercera generación que pueda resolver muchos de los problemas que enfrentan las plataformas blockchain actuales.

El proyecto detrás de Cardano se centra en cuatro áreas clave: seguridad, escalabilidad, interoperabilidad y sostenibilidad. En cuanto a la seguridad, Cardano utiliza un protocolo de consenso llamado Ouroboros que utiliza un sistema de validación de prueba de participación (PoS) que es más eficiente y seguro que los protocolos de consenso de prueba de trabajo (PoW) utilizados por otras plataformas blockchain.

En términos de escalabilidad, Cardano utiliza una arquitectura de capas para separar las diferentes funciones de la plataforma y permitir la adición de nuevas funciones sin comprometer la seguridad o la escalabilidad de la plataforma. Además, la plataforma Cardano está diseñada para ser altamente interoperable, lo que significa que puede comunicarse con otras plataformas blockchain y permitir la transferencia de activos entre ellas.

Por último, el proyecto de Cardano se centra en la sostenibilidad. Para garantizar que la plataforma sea sostenible a largo plazo, Cardano utiliza un sistema de gobernanza descentralizada que permite a los usuarios de la plataforma votar sobre las decisiones clave de la plataforma y la asignación de recursos.

Además, Cardano tiene su propia criptomoneda nativa, ADA, que se utiliza para pagar las tarifas de transacción y también se puede utilizar para realizar pagos en la red. La criptomoneda ADA también se utiliza como un activo de inversión en sí misma.

En resumen, el proyecto detrás de Cardano es crear una plataforma blockchain de tercera generación que sea más segura, escalable, interoperable y sostenible que otras plataformas blockchain. La plataforma utiliza un protocolo de consenso de prueba de participación (PoS), una arquitectura de capas y un sistema de gobernanza descentralizada para lograr estos objetivos. La criptomoneda nativa de Cardano, ADA, se utiliza para pagar las tarifas de transacción y también se puede utilizar como un activo de inversión.

XRP (XRP): Es la criptomoneda utilizada por la plataforma de pagos Ripple. Se utiliza para transferencias internacionales de dinero.

XRP es una criptomoneda desarrollada por la empresa Ripple Labs, con sede en San Francisco, California. Ripple es una plataforma de pago global que utiliza la tecnología blockchain para facilitar transacciones internacionales. El objetivo del proyecto de XRP es proporcionar una forma rápida y eficiente de transferir valor entre diferentes monedas y sistemas financieros.

El proyecto de XRP se centra en la eliminación de los obstáculos que dificultan la transferencia de valor entre diferentes sistemas financieros y países. Ripple utiliza una red descentralizada y distribuida de servidores validadores para procesar y confirmar las transacciones de forma rápida y eficiente. En lugar de utilizar la minería como otros sistemas blockchain, Ripple utiliza un algoritmo de consenso único llamado algoritmo de consenso del protocolo Ripple (RPCA), que permite que las transacciones se procesen en unos pocos segundos.

Además de la criptomoneda XRP, Ripple también ofrece una solución de pago en tiempo real llamada RippleNet, que permite a los usuarios transferir cualquier moneda fiduciaria o criptomoneda a través de la plataforma Ripple. RippleNet utiliza la criptomoneda XRP como un puente de liquidez entre diferentes monedas, lo que permite transacciones rápidas y eficientes.

El proyecto de XRP también se centra en la colaboración con instituciones financieras y bancarias de todo el mundo para facilitar el uso de RippleNet. Ripple ha firmado acuerdos con muchas de las principales instituciones financieras del mundo, incluyendo bancos, compañías de remesas y proveedores de servicios de pago en línea.

En resumen, el proyecto detrás de XRP es proporcionar una forma rápida y eficiente de transferir valor entre diferentes sistemas financieros y monedas. La plataforma Ripple utiliza un algoritmo de consenso único llamado RPCA para procesar transacciones en segundos. Además de la criptomoneda XRP, Ripple también ofrece una solución de pago en tiempo real llamada RippleNet. El proyecto de XRP se centra en la colaboración con instituciones financieras y bancarias de todo el mundo para facilitar el uso de RippleNet.

Dogecoin (DOGE): Es una criptomoneda creada en 2013 como una broma, pero que ha ganado popularidad en los últimos años debido a la atención de los medios y la adopción por parte de algunas empresas.

Doge es una criptomoneda que fue creada en el año 2013 por el programador Billy Markus y el empresario Jackson Palmer. El objetivo principal del proyecto de Doge era crear una criptomoneda divertida y accesible para todos, con la intención de hacerla más amigable y menos intimidante para los usuarios nuevos y menos experimentados en el mundo de las criptomonedas.

El proyecto de Doge se basa en el algoritmo de minería Scrypt y utiliza una red de nodos descentralizados para validar las transacciones. A diferencia de otras criptomonedas, Doge tiene una oferta total de monedas ilimitada, lo que significa que se pueden extraer y generar nuevas monedas Doge de forma indefinida.

Desde su creación, Doge ha ganado popularidad en línea y en las redes sociales, y ha sido utilizado para recaudar fondos para diversas causas, incluyendo la financiación de equipos deportivos, proyectos de caridad y donaciones para personas en necesidad.

Además, Doge ha recibido recientemente una gran atención de los inversores y ha experimentado un aumento significativo en su valor, lo que ha llevado a algunos a considerarla como una alternativa viable a Bitcoin.

En resumen, el proyecto detrás de Doge es proporcionar una criptomoneda accesible y divertida para los usuarios, con una oferta de monedas ilimitada. Doge se basa en el algoritmo Scrypt y utiliza una red descentralizada de nodos para validar las transacciones. Desde su creación, Doge ha sido utilizado para recaudar fondos para diversas causas y ha ganado popularidad en línea y en las redes sociales. Además, ha experimentado recientemente un aumento significativo en su valor, lo que ha llevado a algunos a considerarla como una alternativa viable a Bitcoin.

Polkadot (DOT): Es una plataforma de cadena cruzada que permite la interoperabilidad entre diferentes blockchains.

Polkadot (DOT) es una plataforma de blockchain que se lanzó en 2020. Fue creada por Gavin Wood, cofundador de Ethereum, y su objetivo principal es facilitar la interoperabilidad entre diferentes blockchains. En lugar de tener que usar múltiples blockchains independientes, los desarrolladores pueden crear aplicaciones en Polkadot que se comuniquen y aprovechen las funcionalidades de otras blockchains.

Polkadot utiliza un protocolo de consenso de prueba de participación llamado "Nominación", que permite a los titulares de DOT votar por validadores que validan las transacciones en la red. Los validadores seleccionados reciben recompensas en forma de DOT. Además, Polkadot tiene una estructura de cadena de bloques en forma de "paraguas", en la que múltiples blockchains pueden funcionar bajo un solo "paraguas" de seguridad.

Otro aspecto importante de Polkadot es su capacidad para ofrecer escalabilidad. La plataforma se ha diseñado para que pueda procesar múltiples transacciones en paralelo, lo que significa que es capaz de manejar un mayor volumen de transacciones que muchas otras blockchains.

El token DOT se utiliza para pagar tarifas de transacción en la red y como incentivo para que los titulares voten en la selección de validadores. También se utiliza para financiar el desarrollo de la plataforma a través de la Polkadot Treasury, que es una especie de fondo de inversión autónomo para proyectos de la red.

En resumen, el proyecto detrás de Polkadot es crear una plataforma de blockchain que facilite la interoperabilidad entre diferentes blockchains y que ofrezca escalabilidad y seguridad. Polkadot utiliza un protocolo de consenso de prueba de participación llamado "Nominación" y tiene una estructura de cadena de bloques en forma de "paraguas". El token DOT se utiliza para pagar tarifas de transacción, incentivar la selección de validadores y financiar el desarrollo de la plataforma.

Solana (SOL): Es una plataforma blockchain de alta velocidad que busca ofrecer una mayor escalabilidad y seguridad que otras plataformas similares.

Solana (SOL) es una plataforma de blockchain de alto rendimiento diseñada para admitir aplicaciones descentralizadas (dApps) y tokens no fungibles (NFTs). Fue lanzada en 2017 por la Fundación Solana, con sede en Suiza, y fue diseñada para abordar los problemas de escalabilidad y velocidad de transacción que afectan a muchas otras blockchains.

El enfoque principal de Solana es la creación de una plataforma que pueda procesar un gran volumen de transacciones en un corto período de tiempo, lo que es esencial para admitir aplicaciones de alta frecuencia y transacciones financieras de alta velocidad. Solana utiliza una combinación de tecnologías, incluyendo el protocolo de consenso de prueba de participación delegada (DPoS) y la solución de escalabilidad "Proof of History" (PoH), que permite a los nodos de la red confirmar el orden cronológico de las transacciones sin tener que realizar el trabajo de prueba de trabajo intensivo.

Otro aspecto clave del proyecto Solana es su enfoque en la interoperabilidad, lo que significa que permite a otras blockchains conectarse y trabajar en conjunto. Solana ha desarrollado un puente de cadena cruzada, Solana Wormhole, que permite a los usuarios intercambiar activos digitales entre blockchains.

El token nativo de Solana, SOL, se utiliza para pagar tarifas de transacción, como incentivo para que los validadores confirmen las transacciones en la red y para apoyar el funcionamiento de la red en general. Anuncio

En resumen, el proyecto detrás de Solana es crear una plataforma de blockchain escalable y de alta velocidad que pueda admitir aplicaciones de alta frecuencia y transacciones financieras de alta velocidad. Utiliza una combinación de tecnologías, incluyendo DPoS y PoH, para lograr esto, así como un enfoque en la interoperabilidad. El token SOL se utiliza para pagar tarifas de transacción, incentivar a los validadores y financiar proyectos en la plataforma a través del programa Solana Foundation Grants.

Litecoin (LTC): Es una criptomoneda que se basa en el código de Bitcoin, pero que tiene tiempos de confirmación más rápidos y tarifas de transacción más bajas.

Litecoin (LTC) es una criptomoneda que se lanzó en 2011 como una bifurcación de la red de Bitcoin. El creador de Litecoin, Charlie Lee, diseñó la criptomoneda para ser una versión mejorada de Bitcoin, con transacciones más rápidas y tarifas más bajas.

El proyecto detrás de Litecoin tiene como objetivo crear una criptomoneda que sea más eficiente y rápida que Bitcoin, pero que mantenga la seguridad y la descentralización de una red de blockchain. Para lograr esto, Litecoin utiliza un algoritmo de minería diferente al de Bitcoin, llamado Scrypt, que permite a los usuarios minar la moneda con hardware de menor costo y menos energía. Esto hace que la minería de Litecoin sea más accesible para más personas y reduce la centralización en manos de unos pocos grandes mineros.

Otro objetivo del proyecto Litecoin es fomentar la adopción de criptomonedas al hacer que las transacciones sean más rápidas y económicas que las de Bitcoin. Litecoin tiene un tiempo de bloqueo de 2,5 minutos en comparación con los 10 minutos de Bitcoin, lo que significa que las transacciones se confirman más rápidamente. Además, las tarifas de transacción son mucho más bajas en Litecoin, lo que hace que sea una opción más atractiva para las transacciones diarias.

Litecoin también ha implementado varias mejoras técnicas a lo largo de los años para mejorar la funcionalidad de la red, incluyendo la adopción del Segregated Witness (SegWit) y la implementación de Lightning Network, lo que permite transacciones instantáneas y de bajo costo.

El token nativo de Litecoin, LTC, se utiliza para pagar tarifas de transacción en la red, así como para recompensar a los mineros por asegurar la red y procesar transacciones.

En resumen, el proyecto detrás de Litecoin es crear una criptomoneda más rápida y económica que Bitcoin, pero que mantenga la seguridad y la descentralización de una red de blockchain. Litecoin utiliza un algoritmo de minería diferente al de Bitcoin, Scrypt, para hacer que la minería sea más accesible y reducir la centralización. Litecoin también ha implementado varias mejoras técnicas para mejorar la funcionalidad de la red, y el token LTC se utiliza para pagar tarifas de transacción y recompensar a los mineros.

Los proyectos detras de las Criptomonedas.

La mayoría de las criptomonedas están respaldadas por un proyecto o una plataforma que tienen como objetivo resolver un problema específico. Por ejemplo, Bitcoin fue creado con la idea de proporcionar una moneda digital que no estuviera controlada por ningún gobierno o entidad centralizada. Ethereum, por otro lado, se creó como una plataforma para construir aplicaciones descentralizadas y contratos inteligentes.

Cada proyecto de criptomoneda tiene su propio objetivo y conjunto de características únicas que lo hacen diferente de otras criptomonedas. Algunos proyectos están enfocados en la privacidad y la seguridad, como Monero y Zcash, mientras que otros se centran en la escalabilidad y la velocidad de transacción, como Ripple y Litecoin.

La mayoría de las criptomonedas también tienen una comunidad activa detrás de ellas, compuesta por desarrolladores, inversores y entusiastas, que trabajan juntos para mejorar la tecnología y promover la adopción de la moneda. Esta comunidad puede ser una fuerza poderosa en el éxito de una criptomoneda, ya que puede influir en la percepción y el valor de la moneda.

En resumen, cada criptomoneda tiene un proyecto o plataforma detrás de ella que busca abordar un problema específico, y una comunidad activa que trabaja para mejorar la tecnología y promover la adopción de la moneda.

Mineria de Criptomonedas:

La minería de criptomonedas es un proceso mediante el cual se validan transacciones en una red blockchain y se agregan nuevos bloques a la cadena de bloques. En esencia, los mineros son los nodos que mantienen la integridad de la red al verificar la precisión de las transacciones y prevenir el doble gasto.

Los mineros compiten para resolver complejos algoritmos matemáticos que requieren una gran cantidad de poder de procesamiento informático. A cambio de su trabajo, reciben una recompensa en forma de nuevas criptomonedas, que luego pueden vender en el mercado.

Sin embargo, la minería de criptomonedas es cada vez más difícil debido a la competencia y al aumento del poder de procesamiento requerido para resolver los algoritmos. Además, el alto consumo de energía asociado con la minería ha llevado a críticas por su impacto ambiental.

A pesar de estos desafíos, la minería de criptomonedas sigue siendo un elemento clave en la operación de las redes blockchain y en la creación de nuevas criptomonedas.

¿Por que se le llama Mineria?

Se le llama "minería" a la actividad de procesar transacciones y asegurar la red de una criptomoneda, porque es similar a la minería de oro en la vida real. Al igual que los mineros que buscan oro, los mineros de criptomonedas utilizan su poder computacional para resolver problemas matemáticos complejos que verifican y procesan transacciones en la red de la criptomoneda.

El proceso de minería también involucra la competencia entre los mineros para ser el primero en resolver el problema matemático y agregar un nuevo bloque de transacciones a la cadena de bloques de la criptomoneda. El primer minero en resolver el problema es recompensado con una cantidad de criptomoneda recién creada, además de las tarifas de transacción pagadas por los usuarios de la red.

Este proceso de minería es esencial para la seguridad y la integridad de la red de criptomonedas, ya que hace que sea difícil para un atacante malintencionado manipular la cadena de bloques y cambiar las transacciones. Además, la recompensa por la minería incentiva a los mineros a trabajar duro para mantener la red y procesar transacciones de manera eficiente.

En resumen, la minería de criptomonedas se llama así porque es similar a la minería de oro en la vida real, y se refiere a la actividad de procesar transacciones y asegurar la red de una criptomoneda mediante el uso de poder computacional para resolver problemas matemáticos complejos.

Brokers/plataformas:

Existen muchos brokers que ofrecen trading de criptomonedas, pero algunos de los más importantes son:

Coinbase: fundado en 2012, es uno de los exchanges más populares y utilizados en el mundo de las criptomonedas. Ofrece una amplia variedad de criptomonedas y servicios, incluyendo carteras digitales, una plataforma de trading, así como servicios para inversores institucionales.

Binance: fundado en 2017, es uno de los exchanges de criptomonedas más grandes y populares del mundo. Ofrece una amplia variedad de criptomonedas y servicios, incluyendo carteras digitales, una plataforma de trading, así como servicios para inversores institucionales.

Kraken: fundado en 2011, es uno de los exchanges más antiguos y establecidos del mundo de las criptomonedas. Ofrece una amplia variedad de criptomonedas y servicios, incluyendo carteras digitales, una plataforma de trading, así como servicios para inversores institucionales.

eToro: fundado en 2007, es un broker que ofrece trading de criptomonedas y otros instrumentos financieros como acciones, índices y materias primas. Se destaca por ofrecer una plataforma de trading social, que permite a los usuarios seguir y copiar las operaciones de otros traders.

Gemini: fundado en 2014, es un exchange de criptomonedas con sede en Nueva York. Fue fundado por los gemelos Winklevoss, que se hicieron famosos por su disputa legal con Mark Zuckerberg por la creación de Facebook. Gemini ofrece una amplia variedad de criptomonedas y servicios, incluyendo carteras digitales, una plataforma de trading, así como servicios para inversores institucionales.

Es importante destacar que la elección de un broker de criptomonedas debe basarse en una evaluación cuidadosa de las características y servicios que ofrece, así como en la reputación y seguridad de la plataforma.

Llegando al final de este libro, esperamos que hayas aprendido mucho acerca del trading y los mercados financieros. Desde los conceptos básicos hasta estrategias más avanzadas, hemos tratado de brindarte un panorama completo de este mundo apasionante.

Recuerda que el trading no es una tarea fácil y que se requiere dedicación, disciplina y constante aprendizaje para lograr resultados consistentes. Además, siempre es importante tener en cuenta la gestión del riesgo y la psicología del trading para poder enfrentar las inevitables pérdidas y mantener la cabeza fría en momentos de euforia o pánico.

Esperamos que este libro te haya dado una base sólida para seguir explorando y desarrollando tus habilidades como trader. ¡Mucho éxito en tus futuras operaciones y gracias por acompañarnos en esta aventura financiera!

www.ingramcontent.com/pod-product-compliance
Lightning Source LLC
Chambersburg PA
CBHW040224220526
45473CB00001B/106